zeitlos

Shabby

Fotos, Text und Design: Sonja Bannick
www.sonjabannick.de

Idee und Kreativarbeiten: Stefanie Rathjens
www.rathjens.com

Textredaktion: Seitenwerk Ute Rather, Hamburg
Satz: Arnold & Domnick, Leipzig
Produktmanagement: Bernhard Auge
© Lifestyle BusseSeewald in der frechverlag GmbH Stuttgart, 2011

2. Auflage 2011

ISBN: 978-3-7724-7305-5 – Best.-Nr. 7305

Druck & Bindung: Stürtz GmbH, Würzburg
Printed in Germany

zeitlos

Shabby

Sonja Bannick
Stefanie Rathjens

Kreatives Wohnen,
Dekorieren
und Fertigen
im Shabby Style

Lifestyle

BussE
SEEWALD

Inhalt

Wohnen & Dekorieren

Inhalt
Der Kreativteil

Sonja Bannick

Seit vielen Jahren arbeite ich als freiberufliche Fotojournalistin für namhafte Wohn- und Lifestyle-magazine. Meine Schwerpunkte liegen im Bereich Wohn- und Geschäftsreportagen sowie Stillleben. Ich freue mich auf die Menschen, mit denen ich zusammenarbeiten darf, und finde es jedes Mal sehr spannend, in einem so privaten Raum wirken zu dürfen. Ich liebe es zu Dekorieren – und so können Fotografie und Styling Hand in Hand gehen.

Stefanie Rathjens

Mit meinem Mann führe ich seit über 15 Jahren ein Geschäft für Floristik und nordische Lebensart im Shabby Style. Hier kann ich meine Ideen wunderbar umsetzen. Kreative Arbeiten sind meine große Leidenschaft. Das Malen mit Acrylfarbe und das Fertigen von Schönem sowie Nützlichem im Shabby Style haben dabei für mich einen ganz besonderen Stellenwert.

Die Leidenschaft für alte Dinge, das Gefühl für Individualität, unsere große Lebensfreude und unser Humor haben uns zusammengeführt.
Aus eigenen Erfahrungen wissen wir, wie eng die Zeit jeden Tag geplant ist und wie oft sie uns unter Druck setzt. Darum war es uns ein Anliegen, Ihnen aufzuzeigen, wie Sie mit kleinen Dingen und Mitteln Ihre Dekowünsche leicht umsetzen können. Vielleicht ist ein kleines Umdenken nötig, um sich diese Freiräume zu schaffen. Was würde mich zu einem entspannten Lächeln bringen: den immer präsenten Fernseher anzuschalten oder beim Fertigen eines kleines Teelichts abzuschalten?! Kreativ zu sein, auch wenn es nur eine kleine „Umdekoration" ist, hat eine große Wirkung. Spätestens dann, wenn das Teelicht im selbst dekorierten Glas den Raum ein wenig erhellt, erhellt sich auch unsere Stimmung.

Sich Zeit nehmen ...

für Ihre eigene Fantasie und Individualität. In Ihrer Wohnung, Ihrem Haus, Ihrem Heim – und mit dem Shabby Style.

Zeit ist es auch, die die Dinge prägen, die wir beide so lieben. Ein alter Wecker, der schon lange nicht mehr geht, oder die Brosche von Tante Martha hätten viel zu erzählen. Alte Stücke voller Geschichten und Patina vergangener Zeiten. Doch auch die Dinge, die wir selbst gefertigt haben, sind geprägt von Zeit – unserer! Ein selbstbedruckter Korb, vielleicht mit einer uns wichtigen Jahreszahl oder ein auf dem Heimweg von der Arbeit am Wegesrand gepflücktes Blumensträußchen, lassen uns den Korb, oder das Sträußchen mit viel mehr Freude betrachten.

Wir möchten Sie anregen, wieder mehr Zeit in Ihre eigene Kreativität zu investieren, nicht zu viel, nur ein wenig, je nach Lust und Laune. Sie werden erfahren, wie Ihnen diese Investition Freude bereitet, und erfahrungsgemäß werden Sie dann weiter investieren wollen. Blicken Sie mit anderen Augen auf Ihre Gebrauchsgegenstände, – vielleicht lässt sich etwas zweckentfremden, bevor Sie etwas Neues kaufen. Gehen Sie auf persönliche Entdeckertour, stöbern Sie auf Ihrem Dachboden, in alten Schubladen und Schränken. Oft ist es erstaunlich, welcher Fundus daraus hervorgeht – wenn man diese Sachen aus einem anderen Blickwinkel betrachtet. Familie und Freunde sind vielleicht sogar ganz dankbar, wenn man sie von dem einem oder anderem Trödel befreit. Ein alter Bilderrahmen vom Sperrmüll, frisch gestrichen und mit einem alten Leinenküchentuch hinterlegt, ist als Bild oder Pinnwand ein echtes Unikat.

Die Begriffe Shabby, Shabby Chic oder auch Vintage sind nicht genau definiert und gehen ineinander über. Einiges könnte man vielleicht eher Vintage nennen, anderes wieder Shabby, aber es ist eigentlich immer gemeint, alte Dinge wieder neu zu beleben und zu nutzen. In unserem Buch haben wir unterschieden zwischen Shabby Chic, dem in hell gehaltenen und eher edlen Stil, und Shabby, der sehr viel rustikaleren Variante. Es darf aber auch gerne gemixt werden.

Wir haben darauf geachtet, dass unsere Ideen sehr einfach und relativ schnell umzusetzen sind. Ebenso war es uns ein Anliegen, dies in „normalen" Räumlichkeiten zu zeigen: Kleine Flure, Dachschrägen – oder einfach auch moderne Fenster zu integrieren. So haben wir immer zwei Shabby-Richtungen in einem Raum, einer Ecke oder einer Wand dargestellt, um zu zeigen, wie Sie mit wenig Kleinmöbeln und Dekorationen ein völlig unterschiedliches Wohngefühl schaffen können. Geben Sie Ihrem Heim Ihre ganz persönliche Handschrift.

Sicher geht es nicht von heute auf morgen, alles „shabby" einzurichten und zu dekorieren. Auch hier braucht man wieder ein wenig Zeit, die Dinge und kleine Schätze zusammenzutragen. Es hilft, wenn man etwas flexibler denkt. Reicht es doch vielleicht am Anfang den kleinen Nachtschrank mit einer alten Porzellanschale, alter Spitze und Uromas kaputter Perlenkette zu schmücken. Im Badezimmer eine alte kleine Schublade als Regal zu verwenden und mit verschiedenen Seifen zu füllen und zu stapeln, um unsere Freude zu haben.

Ist der heiß ersehnte Stuhl auf dem Flohmarkt schon solange nicht zu finden, oder einfach zu teuer, macht es bestimmt ein etwas anderer genauso gut. Zur Not kann auf einen Neuen zurückgegriffen werden, man kann ihn ja durchaus etwas altern lassen.

Nehmen Sie sich Zeit beim Umgestalten und Fertigen Ihrer ausgewählten Wünsche. Es muss nicht alles sofort umgesetzt werden. Schritt für Schritt sollte die Devise lauten. Hauptsache ist es, dass es sich letztendlich gut für Sie anfühlt. Wir sollten uns in unserer schnelllebigen Zeit nicht selbst unter Druck setzen. Machen Sie aus dem was Sie haben und machen können, dass für Sie Beste.

Und wenn Sie nun Lust bekommen haben, fangen Sie an, seien Sie kreativ! Gehen sie mit uns durch die verschiedenen Räume und lassen Sie sich so für Ihr eigenes Heim inspirieren. Nehmen Sie sich einen kleinen Teil unserer so knappen Zeit ....vielleicht mit einem kleinen Sträußchen vom Wegesrand in Omas altem Milchkännchen oder mit dem schönen Spitzenglas auf Seite 139.

Flur
Shabby Chic

Auch wenn die Kinder das Dreirad oder das
Bänkchen vielleicht nicht mehr brauchen,
kommen sie nun mit einem weißen Anstrich
im Flur wunderschön zur Geltung.
Das Bänkchen ist zudem auch praktisch
für alle Dinge, die man kurz ablegen möchte.
Sitzen darf man natürlich auch gerne darauf.

Die alten Häschen fühlen sich hier sichtlich wohler als versteckt in einem Schrank.

Den großen Bilderrahmen haben wir mit neuem Leinen hinterlegt und mit Schablonen und Acrylfarbe verziert. Das alte Postkartenmotiv wird mit Hilfe von Transferfolie auf den Stoff gebügelt. Man kann so jedes gewünschte Motiv verwenden, auch eigene Fotos. Wenn Sie das Bild dann noch mit Dekonadeln versehen, entsteht eine wunderschöne, ausgefallene Pinnwand – ganz einzigartig.

Für diese kleine Flurecke
wurde viel gestrichen:
der Lampenfuß, der
Bilderrahmen, die
Wandkerzenhalter und
der schöne, verzierte
Holzstuhl. Nur der kleine
alte Waschtisch und die
Lamellentür im
Hintergrund wurden im
Originalzustand belassen.

Der Bilderrahmen war
vorher goldfarben, der
Lampenfuß aus lackierter
Kiefer. Die Kerzenhalter
sind aus Messing und
der Stuhl eigentlich aus
dunkler Eiche.
Bitte setzen Sie Ihre Fantasie ein und stellen Sie sich
diese harmonische Ecke in
den Orginalfarben vor!
Was für eine Wandlung!

Der Bilderrahmen und
die Lampenhusse wurden in diesem Fall mit
neuem Leinenstoff gefertigt. Die Baumwollspitze gibt der Lampe noch ein wenig
mehr Form. Neues Leinen sollten Sie vor
der Verarbeitung immer waschen, damit
es später nicht einläuft, falls Sie die Husse
einmal waschen möchten. Zudem nimmt
der Stoff dann Farbe auch besser an.

So kann ein einfaches Weckglas
erstrahlen, wenn man es mit
einer alten, breiten
Spitze beklebt.

Der gleiche Flur:

Spielen erwünscht!
Der Korb ist praktisch für alles, was so
herumliegt oder öfter gebraucht wird.
Die Kinderstühle von damals sind nach
wie vor auch zum Sitzen gedacht.

Hinter diesem sehr alten Bilderrahmen
haben wir einen ebenfalls sehr alten
Mehlsack gespannt.

Mit einem alten, schmalen Fensterladen, einem Holzbrett mit rostigen Schlüsseln und den Medizinbällen entsteht in dieser kleinen Ecke ein ganz besonderer Hingucker mit viel Shabby-Atmosphäre. Das Aufarbeiten des Ladens würde hier dem Stil nur schaden.

Wenn man solche alten Medizinbälle auf dem Flohmarkt findet, ist das schon ein kleiner Glücksfall.

Die großen Metallbuchstaben stammen aus einer alten
„BÄCKEREI & KONDITOREI", die geschlossen wurde.
Wir hatten viel Glück, zur rechten Zeit am rechten Ort zu sein.
Fragen kostet nichts, höchstens ein wenig Überwindung, so dachten
wir – und wir wurden belohnt. Der Inhaber hat sich gefreut, dass die
Buchstaben nicht in den Müll kamen, und wir dankten Fortuna.

Die alten Würfel, die zu einzelnen Märchengeschichten zusammengepuzzelt werden müssen, lagen lange vergessen auf einem Dachboden. Man sieht ihnen an, wie viele Kinderhände schon mit ihnen gespielt haben, doch das hält niemanden davon ab, auch weiterhin mit ihnen zu spielen.

Die Kinderstühle wurden nach dem Abschleifen nicht wieder angestrichen, um die alte Patina zu erhalten, die in diesen Flur so wunderbar hineinpasst.
Als I-Tüpfelchen haben wir auf einen Stuhl einen Schriftzug mit einer Schablone aufgetragen, passenderweise „Villa Kunterbunt".

Wenn wir bewusster durch unseren „Wohn- und Dachbodenfundus" streifen, ergeben sich plötzlich ungeahnte Möglichkeiten oder Themen. Die hier zusammengetragenen Zahlen lockern die rustikale und kühle Atmosphäre des Tisches auf.

Das wundervolle Irisbild und das kleine Sträußchen aus dem Garten steigern – so schlicht sie auch sind – die Lebendigkeit und Individualität des Ensembles noch zusätzlich.

Die Hausnummer hing früher an einer alten Gartenparzelle. Wie haben sie zusammen mit einer uns (vielleicht) wichtigen Jahreszahl einfach nur hingestellt. Die Metallschablonen wurden allerdings mit Multi-Haft-Kleber an die Wand geklebt.

Rad.Valerian.conc.

Wir nennen diesen Kleber schlicht „Kaugummi". Er hat den Vorteil, dass für Kleinigkeiten nicht gebohrt oder gehämmert werden muss, er hinterlässt beim Abziehen keine Flecken und ist mehrmals verwendbar. Was will man mehr!

Der alte Werkstatthocker ist noch sehr stabil und erfüllt wunderbar seinen Zweck als Sitzplatz und Ablage. Mittlerweile erhält man diese Hocker auch schon als gute Reproduktionen im Handel.

Gabel

Messer

Küche
Shabby Chic

Diese Landhausküche hat bereits eine lange Zeit ihren Dienst getan. Begonnen hat ihr Dasein als massive Kiefernküche. Massiv ist sie immer noch, doch schon vor vielen Jahren hat sie ihr Kleid geändert. Auch im weißen Gewand hat sie sich sehr gut bewährt. Der Abzug ist Marke Eigenbau und bedarf schon ein wenig handwerklichen Geschicks.

SALZ

BOSCH

Ein Olivenkränzchen lässt sich schnell biegen und mit Draht fixieren. Dazu eine alte Menükarte.

Altes und Neues treffen sich auf einem alten Kuchenteller und verstehen sich gut.

Das Holztablett wurde geweißelt. Die Kuchenform erhielt einen Bezug aus Wachstuch – fertig ist das originelle Tablett!

Alt, aber noch voll funktionstüchtig: eine Brotschneidemaschine aus Dänemark. Vermutlich war dieses Exemplar schon immer weiß.

Ganz profane Korkenzieher sehen mit ein wenig Farbe und einem gedruckten Schriftzug richtig schön aus. Klarlackspray zum fixieren bitte nicht vergessen!

Ein altes Fliesenschild ist ein wunderbarer und zudem noch sehr flexibler Spritzschutz, der sich vielfältig dekorieren lässt.

Dieser wunderschöne Wasserkessel dient leider nur noch als Dekostück, denn seine Vorbesitzer haben eine ziemlich dicke Kalkschicht entstehen lassen.

Zweckentfremden!

Eine kleine Kräuterkrone lässt sich leicht aus Gärtnerdraht fertigen. Für die Shabby Chic Küche wird sie zum Schluss noch weiß angesprüht. Ebenso das Schildchen aus Prägefolie.

Vor dem weißen Anstrich war die Kaffeemühle wenig reizvoll. Erst jetzt ist sie ein richtiger Hingucker!

Aus Prägefolie lassen sich vielfältige Schilder fertigen, die sowohl schön als auch praktisch sind!.

Kitchen

FRUIT

32

Ein sommerliches Stelldichein mit alten, neuen und
selbst gemachten Stücken, fröhlich an der kleinen T
präsentiert. Das alte Porzellan der Patentante, neue
Kaffeebecher, Silber und Zuckerstreuer, aus Kristall
vom Flohmarkt. Dazu selbst genähte Tischsets und
wunderbaren Gaben unserer Natur.

FRUIT

White Cherries . 1
Black Cherries . 2
Raspberries . 3
Red Currants . 4

TUESDAY **12** JULY

5 . White Currants
6 . Black Currants
7 . Melon
8 . Strawberries

Ein neuer „alter" Kalender.

Schwelgen in des Sommers Fülle!

Die Blume wurde mit dünnem Wachstuch drapiert und mit Samtband gut fixiert.

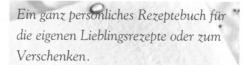

Ein ganz persönliches Rezeptebuch für die eigenen Lieblingsrezepte oder zum Verschenken.

Eine Stoffserviette geschmückt mit einem Ohrring aus Blech, einem Prisma und schöner Bordüre.

Aus Wachstuch lässt sich leicht ein Set fertigen (ca. 40 x 33 cm). Anschließend nähen Sie ein Stück Stoff von einer alten Serviette, Tischdecke oder Ähnlichem auf das Set. Oben lassen Sie eine Öffnung für Besteck oder ein kleines Give-Away. So können Sie auch wunderbar ein gekauftes oder altes Set aufwerten.

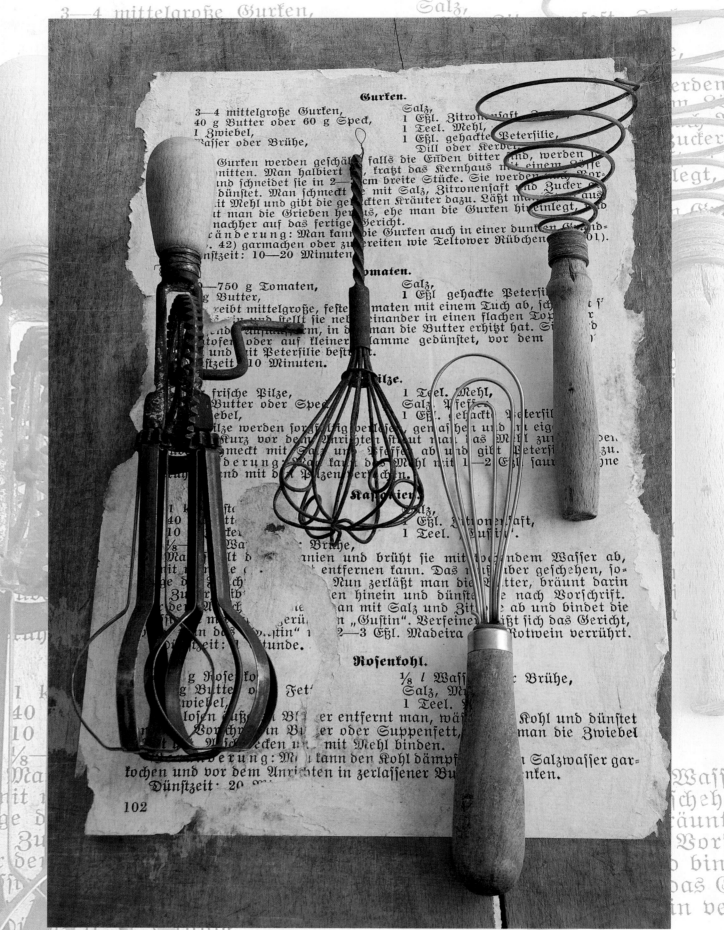

Die alte Landhausküche – ungleich
rustikaler. Kleine Veränderungen
erzielen wieder eine große Wirkung.
Nur durch Austauschen der Ge-
brauchs- und Dekogegenstände entsteht ein neues Wohngefühl – oder
vielleicht besser ein Arbeitsgefühl.
Doch wer arbeitet nicht gerne in
so einer Küche. Hier hat auch das
„K" unserer „Konditorei" ein sehr
passendes Plätzchen gefunden.

Die verschiedenartigsten Dinge finden
hier ihren Platz. Ganz besondere Ausstrahlung haben das Holzbrett und das
Tablett, die mit alten Rezepten und
Zeitungsartikeln beklebt wurden.

Einfach originell! Ein betagter Fensterrahmen gesellt sich zu dem neuen Fenster und unterstreicht den rustikalen Stil noch. Die Kräuter in den alten Emaillebechern warten auf ihren Einsatz im Salat.

Ein kopiertes Ziffernblatt, ein wenig Prägefolie und schon entsteht ein ganz besonderes Etikett.

Ungt. Zinci

Platz für Holzlöffel!

Eine ausgediente große Tarteform, die schon sehr verrostet war, haben wir mit schwarzer Schuhcreme behandelt und etwas einziehen lassen. Danach wurde sie GRÜNDLICH abgerieben! Eine Verzierung mit einer Schablone folgte. Nun kann die Form als Tablett oder als Magnettafel viele Jahre weiter genutzt werden und ist nicht auf dem Müll gelandet.

Ausgefallen, schnell und simpel. Das Etikett wieder aus Prägefolie gefertigt, diesmal mit einem Siegel versehen.
Wenn sie jedoch kein guter Tee-trinker sind, sollten Sie lieber kein Glas zur Aufbewahrung nehmen, denn Tee sollte gerne dunkel gelagert werden.

Das passt natürlich wunderbar! Bevor Sie so alte Dosen verwenden, schrubben Sie diese gründlich aus! Kommen Sie bitte nicht auf die Idee, diese aus hygienischen Grün-den oder aus Bequemlichkeit in die Geschirrspülmaschine zu stecken: es bleibt nichts von der wunderbaren Patina übrig. Glauben Sie mir, ich spreche da aus eigener Erfahrung!!

Als Grundlage dienen bei diesem Korb dünne Pappe und Acrylfarbe.

Die alte Handmühle ist unser ganz per-sönlicher Tipp: die einfach beste Art Parmesan zu reiben: sehr schnell und ohne Verletzungsgefahr!

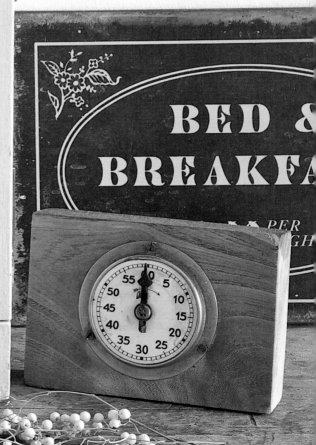

Vom Kaffeekränzchen zur
rustikalen Weinrunde:
Sehr einladend und voller
sommerlicher Stimmung.
Man möchte sofort Platz
nehmen und sich auf
beschwingte Gespräche
freuen.

Eine alte Zeitungswerbung haben wir im Copy-Shop auf Pergamin kopieren lassen und damit diese Kerzen dekoriert. Eingescannt lässt sich die Werbung auch über den Drucker auf Transparentpapier ausdrucken. Achtung: Bei „Schrift" muss dies spiegelverkehrt erfolgen!

Für die Einladung auf der Weinflasche scannen Sie eine alte Postkarte und drucken diese dann mit Transferfolie aus. Die Folie wird nun auf Stoff, hier auf ein Stück Leinen, gebügelt. Der „Dank" ist handschriftlich und somit wieder ganz persönlich.
Bei der Transferfolie achten Sie bitte immer auf die Herstellerangaben!

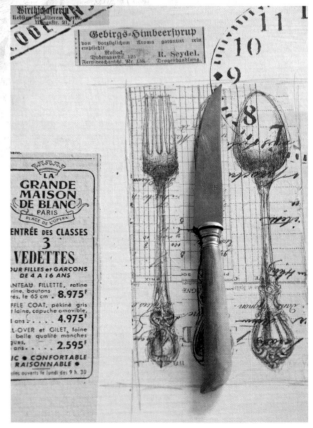

Ebenso einfach wie einzigartig sind diese Tischsets. Auf einem einfachen Stück weißer Pappe haben wir eine Collage erarbeitet. Stücke aus alten Zeitungen, Geschenkpapier oder hübschen Verpackungen werden nach Gefühl aufgeklebt und danach noch mit Stempeln versehen. Damit das Tischset auch ein wenig wischfest ist, wird es zu guter Letzt mit Klarlack überstrichen.

Putzen

Shabby

Ja, auch das muss sein – und auch das geht im Shabby Style!
Ein wenig gesammelt und gedruckt und fertig ist eine wirkungsvolle „Putzecke".

Putzen
Shabby Chic

Und dies gilt natürlich auch für den chicen Shabby Style!

Bei den Besen und Bürsten wurde erst geweißt und dann bedruckt. Die Bürste bitte zum Schluss reichlich mit Klarlack bestreichen, dann hält der Aufdruck länger.

Der Spülispender, mit einer nostalgischen Karte beklebt und mit Klarlack etwas wasserfest gemacht, sieht wunderschön aus – wenn man das von einem Spülispender überhaupt sagen kann. Ein wenig Vorsicht ist dennoch erwünscht: viel Wasser mag er nicht so sehr, abwischen ist aber kein Problem!

Im Wohnzimmer kam jede Menge weiße Farbe zum Einsatz. Die Klappläden waren allerdings vorher schon weiß und bedurften nur einer Säuberung. Auch das kleine französische Puppenbettchen wurde in seinem Originalzustand belassen.
Ein Tipp: Bei dem schweren Wandregal handelt es sich um die Holzplanke eines Baugerüstes.

Diese Herzchen stammen von einer Biedermeiermanschette.

Diese billige, blecherne Brosche in Form eines Notenschlüssels wirkt an diesem romantischen Teelicht richtig edel.

Dieser zierliche Blätterkranz
entstand aus Prägefolie.

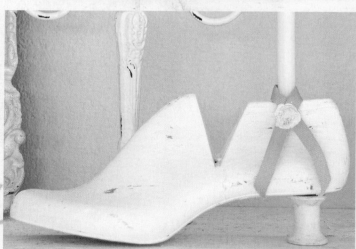

Kleine, alte Emailleschilder verzieren diese Marmeladengläser.

Für die Beschriftung der Stufen haben wir eine Alphabetschablone benutzt.

Ein kleiner Begleiter für das Handy oder für Taschentücher.

So ein altes Wandbord ist wundervoll zum Zurschaustellen lieb gewordener und praktischer Dinge, die viel zu schön sind oder voller lieber Erinnerungen stecken, als das man sie in einem Schrank verstecken sollte.

Schön, die alte Gürtelschnalle von Uroma. Sie ist zwar hinten zerbrochen und funkelt auch nicht mehr so schön, aber mit der Spitze wirkt sie hier immer noch sehr edel.
Praktisch und schön: eine alte Dochtschere aus Schweden.

Wohnen
Shabby

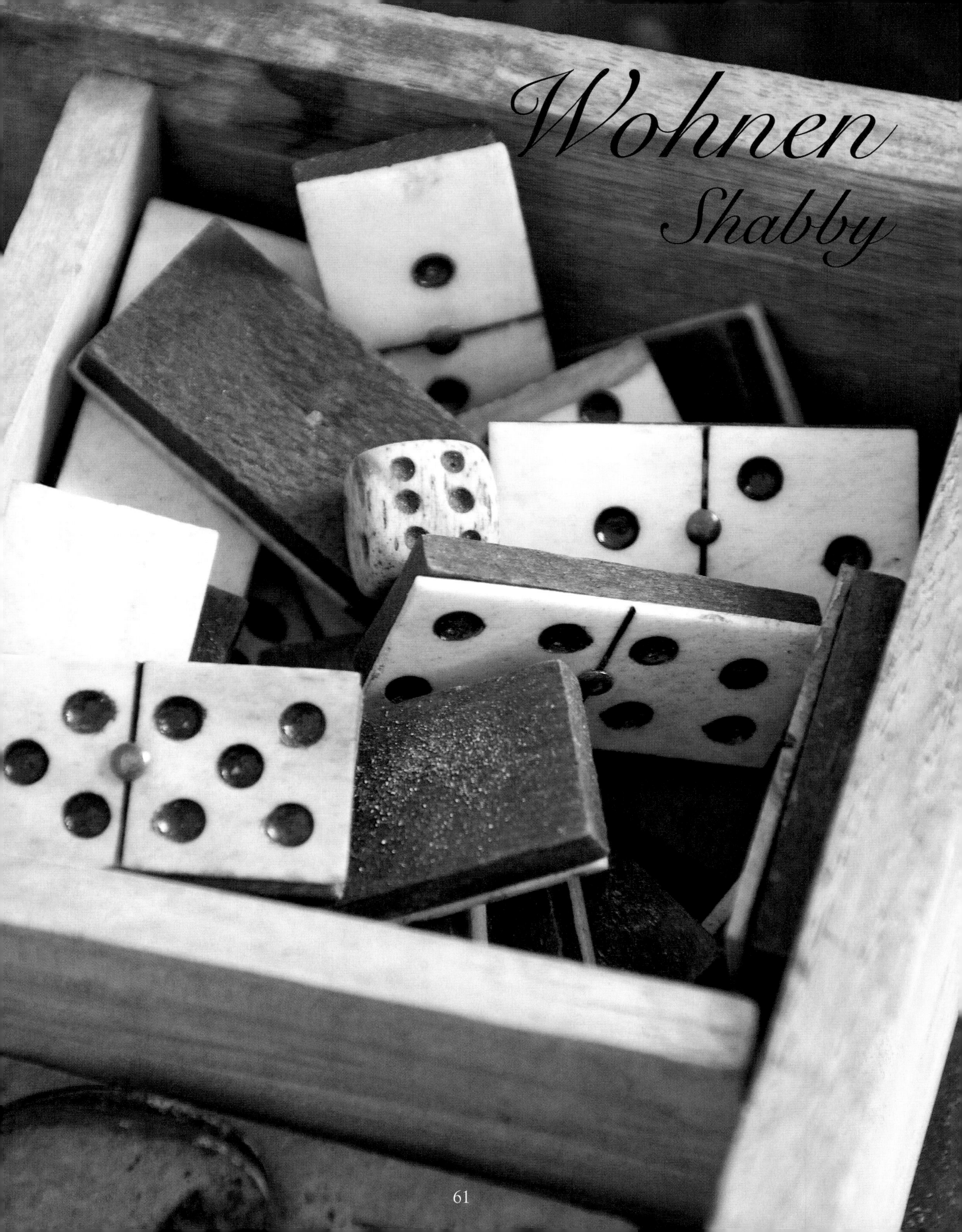

Rustikal

Im Wohnzimmer haben lediglich die Leiter mit
den schablonierten Zahlen und die selbstgenähten
Kissen ein wenig Zeit in Anspruch genommen.
Alles andere wurde fleißig gesammelt und ist das
Resultat vieler Flohmarktbesuche, doch auch das
eine oder andere „Erbstück" fühlt sich hier sehr
wohl.

Wir haben eine große Schwäche für alte Uhren und Ziffernblätter, die hundertfach zu verwenden sind. Die nostalgischen Ziffern und Symbole stehen im Gegensatz zu unserer ach so schnellen Zeit.

Verschiedene kleine Ziffernblätter lassen im alten, schwarzen Rahmen ein Windspiel entstehen, das sich beim Vorbeigehen leise dreht und wandelt. Vielleicht symbolisch für den Wandel unserer Zeit … oder einfach nur schön.

Für den „Zeitrahmen" haben wir dünne Nylonschnur und Mininägel verwendet.

Stellt man Spiele so zur Schau, wird davon auch öfter Gebrauch gemacht. Die Garnrollen werden kurzerhand als Kerzenständer umfunktioniert.

65

Bis auf die Gewichte ist hier alles aus Pappe.

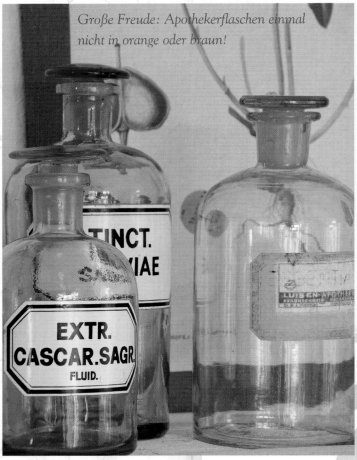

Große Freude: Apothekerflaschen einmal nicht in orange oder braun!

Schnell eine Acht auf das Glas gesprüht und schon wirkt das weiße Löwenmäulchen gleich noch schöner. Minimaler Aufwand, große Wirkung. In die Dose sicherheitshalber ein Glas hineinstellen, denn diese alten Gefäße sind oft nicht wasserdicht.

Zu dem alten Werkzeugwagen passen die rustikalen Tonübertöpfe optimal. Ebenso auch die Sammlung von Knöpfen, Garnrollen und Förmchen in simplen Weckgläsern.

Diesmal präsentieren sich keine Schuhleisten auf der Leiter, sondern alte Schuhspanner.

Der kleine Affe freut sich besonders über seinen neuen Platz, denn er wurde in einer kleinen Tüte zwischen einem Haufen Sperrmüll gefunden und hatte schon mit seinem Leben abgeschlossen. Nach einem ausgedehnten Vollbad darf er hier nun den Ausblick genießen.

Und wieder: praktisch und schön. Eine alte Eisenschere, der selbstgefertige Bandhalter und der Korkenzieher sind noch in Gebrauch. Das kleine Weckglas mit dem alten Ziffernblatt und der Rose aus dem eigenen Garten ist dagegen einfach nur schön. Der kleine Puppenstubenherd erinnert an die eigene Kindheit.

Schlafen
Shabby Chic

Schöne Träume ...

Wer hat sie nicht irgendwo stehen?! Mengen an kleinen oder großen Tontöpfen – die Überreste von längst vergangenen Alpenveilchen, Narzissen oder Erika. Was so ein wenig Farbe doch ausmachen kann! Die alten Tontöpfe zeigen durch den Anstrich mit Acrylfarbe ihre wundervolle, romantische und zugleich praktische Seite. Vor dem Bemalen werden sie nur gesäubert. Für eine Lampe stülpen Sie einfach den Topf über ein passendes Lampengestell.
Mehr nicht! Die Beschriftung bleibt Ihrer Fantasie überlassen.

Es werde Licht!

Kleine Kostbarkeiten

Spitze, wohin man schaut!

Spitze ist beim Shabby Chic Style ein wichtiges Dekoelement. Im Schlafzimmer kommt sie besonders gut zur Geltung: Die Tagesdecke dominiert mit grober Häkelspitze. Ein Spitzendeckchen ziert das Kopfteil des Bettes, dazu Spitze im Schmuckschälchen und als Duftsäckchen – zu guter Letzt sogar als Bordüre auf den schlichten Teppich gebügelt.

Eine weitere große Schwäche von uns sind
alte Schneiderpuppen. Da aber nicht jeder
das Glück hat, schnell eine bezahlbare,
wirklich alte Puppe zu erstehen, hier
nun eine neue Schneiderpuppe mit alten
Zeitungen beklebt und dann mit ver-
dünnter, weißer Acrylfarbe bestrichen.
Das Dekorieren mit Ketten, Schals
usw. ist erwünscht, aber kein Muss.

Nostalgie am Meter: Die alte Baumwollspitze kommt, auf Spulen gewickelt, besonders schön zur Geltung. Mit einer Dekonadel fixiert – perfekt!

Die Filzbrosche haben wir fertig gekauft und nur mit einem alten Ziffernblatt und einer Dekoperle verschönert.

Schlafen
Shabby

Zeit ...

... zum
Schlafen,
zum Ausruhen,
zum Träumen!

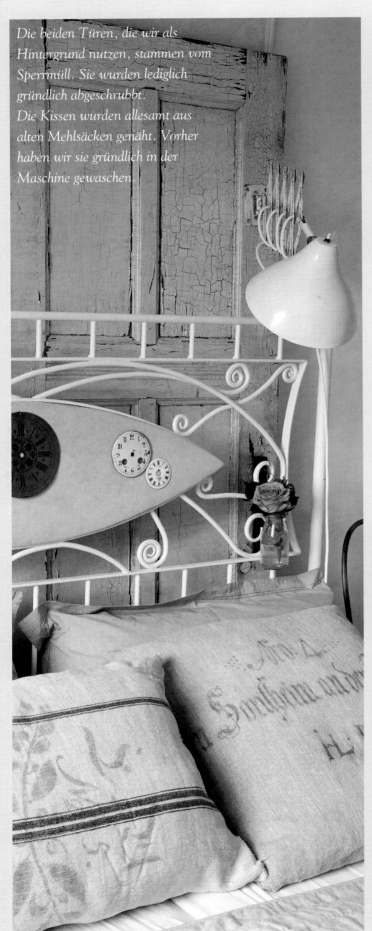

Die beiden Türen, die wir als
Hintergrund nutzen, stammen vom
Sperrmüll. Sie wurden lediglich
gründlich abgeschrubbt!
Die Kissen wurden allesamt aus
alten Mehlsäcken genäht. Vorher
haben wir sie gründlich in der
Maschine gewaschen.

Wer möchte beim Anblick der kleinen Leisten nicht wissen,
welche Schühchen darauf entstanden sind.

Ein ganz sympathischer Wecker: Er sieht gut aus, hat nicht viel gekostet und holt einen nicht aus den schönsten Träumen! Genauso wie die Brille, die keine Lesehilfe mehr ist, ist auch er keine Weckhilfe mehr. Trotzdem darf er bleiben!

Diese wunderschöne alte Schneiderpuppe
bedarf eigentlich keiner Dekoration. Das
alte Maßband passt perfekt, doch sind wir
seit langem auf der Suche nach einem noch
älteren. Bis jetzt war uns das Glück jedoch
noch nicht hold.

Die Tasche wurde aus einem alten Mehlsack genäht und
ist sehr einfach und schnell gemacht. Falls Ihr Getreidesack
kein schönes Motiv besitzt, können Sie dies gut mit einer
passenden Schablone nachholen.

Ein ganz außergewöhnliches
Schmuckkästchen ist dieser
alte Werkzeugkasten.

Bad

Shabby Chic

Wer möchte nicht in Rosen baden?.

Trotz der starken Dachschräge vermittelt das kleine Bad
ein Gefühl von Größe: zum Einen durch die zierlichen
Kleinmöbel und zum Anderen durch die großen Dach-
fenster, die sehr viel Licht und optische Weite bringen.
Dies wird durch die helle Wandfarbe und den alten
Spiegel noch unterstrichen. Hell erstrahlt er nun in einem
herrlichen Cremeton – nach seinem früheren Dasein in
dunkler Eiche in einem ebenso dunklen Fur.

Den Hocker haben wir spontan nach dem Schleifen nicht gestrichen, denn die verschiedenen Farbschichten sprechen für sich.

Eine mit Blumendraht und alter Spitze gefertigte Blume, einfach mit Haftkleber befestigt.

Eine nostalgische Schablone, an einer kupfernen Wärmflasche dekoriert und nur ganz leicht mit weißer Farbe besprüht, setzt hier einen schönen Akzent.

Die vielen Bürsten in dem alten Nachttopf sind gleich wohl dekorativ wie praktisch. Sie sind immer greifbar und trocknen schnell wieder.

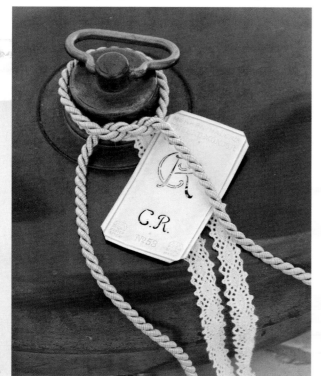

Dieser wundervolle Waschtisch ist vermutlich so um 1910 entstanden. Er ist aus massiver Eiche und eines der wenigen Dinge, die ich im Internet erworben habe. Das Mittelteil bestand aus rosafarbenem Granit. Dem Steinmetz war es wegen der zu dünnen Steinplatte leider nicht möglich, das Waschbecken einzulassen. Das war so nicht geplant und mein Mann fühlte sich nun gefordert. Er baute das Mittelteil 1:1 aus einer Buchenarbeitsplatte aus dem Baumarkt nach. Klasse! Nachdem ich den gewachsten Schrank mehrmals heiß abgewaschen und einmal kurz abgeschliffen hatte, war noch das zweimalige, komplette Anstreichen zu erledigen, um zum Schluss wieder ein wenig abzuschleifen.
Was für ein Unikat!

Dieser Kranz aus Pappelblättern hat einen Styroporrohling als Unterbau.

Ein altes Kopfkissen wurde mit einer Kordel schnell zu einem Wäschesack.

Anstelle einer Tapete zeigt ein Wunderschönes, stabiles Geschenkpapier, wozu man es noch verwenden kann. Wir waren am Anfang etwas zögerlich, aber das Muster war einfach zu schön. Die Tapete hängt nun aber schon eine ganze Zeit und hat sich nicht verändert. Im Baumarkt gibt es übrigens eine Lösung die Tapeten und ähnliches vor Spritzwasser schützt.

Hier haben wir einen Cocktailshaker aus den 50er Jahren für Körperpuder zweckentfremdet. Es ist ebenso nützich wie schön.

Gläser, Teelichter, kleine Schalen werden durch die hübschen, aus Pappe gefertigten Deckel zu nützlichen Gefäßen für alle möglichen Utensilien.

Eine alte Kaffeedose macht sich nun im Badezimmer als Mülleimer nützlich.

Ein kaputtes, altes Porzellanbrettchen haben wir mit einer Seifenwerbung aus einer alter Berliner Zeitung beklebt.

Diese filigrane Drahtkrone lässt sich mit ein wenig Übung gut nacharbeiten.

Das Milchkännchen für die
stark duftenden Rosen aus
dem Garten, die alte Suppen-
terrine für die Orchideen und
der ausrangierte Krug für die
Toilettenbürste.
Diese alten Utensilien wirken
allesamt edel und passen gut
zu diesem Stil.

Eine Duftseife in einem kleinen Stoffsäckchen ist mit
einem persönlichem Monogramm ein bezauberndes
Mitbringsel oder Dankeschön.

Bad
Shabby

Auch bei dieser Variante wurde viel Wert auf die Auswahl
zierlicher Dekoelemente gelegt. Das rostige Blumenregal ist
ebenso rustikal wie romantisch. Die Auswahl der restlichen
Accessoires, wie zum Beispiel der schlichte Holzhocker, der
Zinkeimer und die aus Treibholz gefertigte Garderobe unter-
streichen die rustikale Seite.
Ein alter Mehlsack wird zu einem nicht alltäglichen Vorleger.

HARD WHEAT FLOUR
ENRICHED
100 LBS. NET WEIGHT
98 100.5 LBS. GROSS WEIGHT
2.10 CU. FT.
CONTRACT NO. A1PM (FF)-12050
COMMODITY CODE NO 45-35-100

Die Seitenteile des Aufsatzes lassen sich wie bei einem modernen Spiegelschränkchen aufklappen.

Omas alte Puddingform für Gästehandtücher.

Solche Badesalze lassen sich wunderschön verschenken.

Diese Garderobe
kostet nur ein
wenig Zeit und ein
paar Cent. Treib-
holz, etwas Draht
und ein Marme-
ladenglas sind die
Zutaten.

Eine original französische
Salatschleuder beherbergt
einige Säckchen Lavendel.
Ab und zu landen auch
versehentlich Gästehand-
tücher in ihr.

Manchmal gerät man einfach ins Träumen: dieses Eisenregal umrankt
von historischen Rosen in einer alter Orangerie. Davor eine alte Gieß-
kanne … Da möchte man nur noch sehnsuchtsvoll seufzen.

Hier bleibt alles im Rahmen:
ein alter Bilderrahmen,
neu geweißt, ein wenig
abgeschliffen, und mit
kleinen Haken hinten in
den Rahmen gedreht, ergibt
einen wunderbaren Ort für
all die Dinge, die man zum
Duschen so braucht.

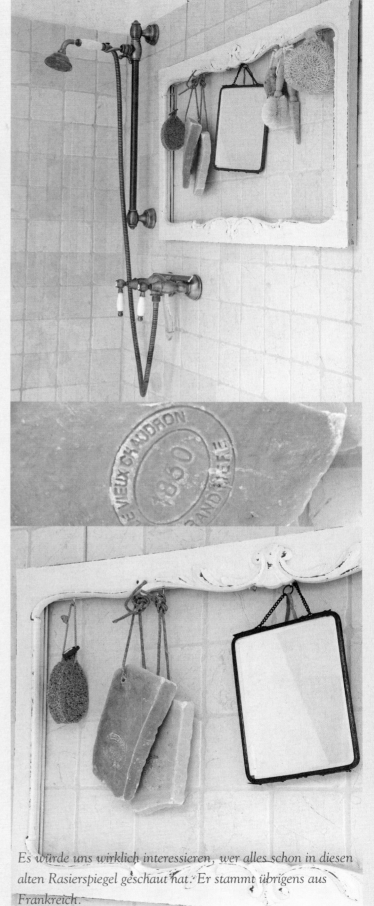

Es würde uns wirklich interessieren, wer alles schon in diesen
alten Rasierspiegel geschaut hat. Er stammt übrigens aus
Frankreich.

*Viel Altes in einem
neuen Bad*

Ein von uns geweißter alter Fensterladen ist Raumteiler und Dekoration zugleich. Hinter ihm kann man einiges verstauen. An ihm hängt ein Wäschesack, der aus altem Leinen zusammengenäht und dann mit einer Schablone und Acrylfarbe noch verschönert wurde. Zum Schluss mit einer Monogrammschablone und Spitze dekoriert – fertig.

Der nostalgische Wäsche-stampfer von Tante Hertha hat im Bad eine neue Aufgabe gefunden. Halt gibt ihm der einfache weiße Haken an der Wand. Die Postkarte dient zur Verschönerung.

103

Seife ...

wir lieben sie in jeder Form, Farbe

und fast jeden Duft!!

Der Kreativteil

Wir hoffen, der erste Teil unseres Buches hat Ihre kreative Shabby-Lust geweckt.

Im folgenden Kreativteil zeigen wir Ihnen mit vielen Arbeitsschritten und Anleitungen, wie Sie Ihre Wünsche und Ideen leicht umsetzen können. Wir sehen unser Buch aber auch – vielleicht sogar vor allem – als Inspiration für Sie. Lassen Sie ihre Fantasie spielen und passen Sie unsere Vorschläge gerne Ihren Bedürfnissen und Vorlieben an. Erweitern und ergänzen Sie. Am Schönsten wäre es für uns, wenn für Sie ein neuer Blickwinkel entstanden ist und sich daraus völlig neue Ideen entwickeln.

Bevor Sie nun loslegen, möchten wir Ihnen hier noch ein paar nützliche „Querbeet-Tipps" mit auf Ihren Shabby-Weg geben, die Ihnen das Fertigen und Dekorieren ein bisschen erleichtern mögen.

Wir empfehlen Ihnen, eine kleine Grundausstattung an Arbeitsmaterialien immer griffbereit zu halten, damit Ihre Spontaneität nicht gleich durch Materialmangel gebremst wird.

Hierzu gehören: Bastelleim, eine gute Schere, eine Zierrandschere, eine kleine Zange, Acrylfarbe, Schleifpapier, Haftkleber, Pinzette, Schaschlikspieße.
Zusätzlich eine kleine Auswahl an: Draht, Borstenpinsel, Schablonen oder Stempel, Gläser, Dekoperlen, Knöpfe und Bänder.

- Wenn Sie Sachen unterschiedlichster Art gebraucht erwerben, egal ob Möbel oder Stofftiere, sollten Sie unbedingt auf den Geruch achten. Es gibt Schränke, die ihren unangenehmen Geruch auch mit Essigwasser und Lavendelsäckchen nie loswerden. Decken, Spitze und auch Stofftiere lassen sich gut waschen. Hier hat sich schon oft die Behandlung mit Gebissreinigern bewährt. Ob alte Spitze, die verfärbt ist, verdreckte Vasen oder alte Flaschen: mehrere Tabletten Gebissreiniger aufgelöst in Wasser, so heiß wie möglich, vollbringen manchmal kleine Wunder.

- Haben Sie alte Zeitungen, Notenblätter oder Karten, verarbeiten Sie diese Originale bitte nur für ganz besondere Anlässe. Kopieren Sie diese alten Zeitzeugen lieber, damit sie noch lange erhalten bleiben.

- Vor dem Kauf von Transferfolie recherchieren Sie zuerst ein wenig. Qualitäts- und Preisunterschiede sind manchmal erheblich.

- Pinnwände oder auch Lampenschirme aus Stoff können Sie nach der Fertigstellung mit Bügelhilfe besprühen, denn das hält den Schmutz länger fern.

- Spitze, mit der Sie Stoffe oder Objekte verzieren wollen und die nicht so sehr beansprucht bzw. gewaschen werden müssen, können – sehr zu meiner persönlichen Freude – hervorragend auch mit Bügelsaumband befestigt werden. Gehen Sie dabei aber bitte sehr gründlich vor.

- Unansehnlich gewordene Kerzen können Sie durch kurzes Wälzen in Mehl wieder „fein"machen. Sie passen dann ganz besonders gut zum Shabby Style.

- Acrylfarbe können Sie wie Stoffmalfarbe benutzen.

- Eingedickter Bastelleim lässt sich gut mit ein wenig Wasser wieder verdünnen.

- Benutzen Sie möglichst hochwertiges Schleifpapier, denn es erleichtert die Arbeit wirklich sehr.

- Halten Sie stets ein Glas Wasser für benutzte Pinsel bereit: Pinsel mit Bastelleim oder Farbe trocknen schnell ein!

Malen

Es gibt scheinbar fast gar nichts, was man nicht anmalen kann. Unendlich sind die Möglichkeiten. Selbst alte Tonschüsseln, Kaffeemühlen, Schubladenknöpfe oder auch neue Pappschachteln, Garnrollen oder braune Tonübertöpfe sind nach einem Anstrich kaum wiederzuerkennen. Ganz besonders schön ist die Verwandlung alter Stubenlampen und Messingleuchter. Ebenso Koffer, Körbe, Spiegel, Holzkisten usw. Natürlich steht uns auch die breite Palette der Möbel zur Verfügung: vom großen Esstisch bis zum kleinen Hocker – alles ist möglich.

Es gibt nur ein paar Regeln zu beachten. Als Farbe hat sich Acrylfarbe sehr bewährt. Wir bevorzugen Farben wie Altweiß, Creme, Reinweiß, Elfenbein usw., aber da hat jeder seine eigenen „Lieblinge". Stehen Sie zu Ihren Farben und richten Sie sich nicht nur nach Trends. Denn nach getaner Arbeit sollen Sie zufrieden sein und sich wohlfühlen. Gerade bei der Wahl von Wandfarben oder Farben für große Möbelstücke ist dies wichtig. Ein kleiner Schemel lässt sich schnell wieder farblich verändern, das ist bei einem großen Schrank nicht ganz so schnell getan.

Also hören Sie in sich hinein und lassen Sie sich bei der Wahl der Farben Zeit. Wenn Sie sich dann für eine Farbe entschieden haben, sollte das auserwählte Objekt auf jeden Fall fettfrei und staubfrei sein. In der Regel reicht es aus, wenn die Stücke dann leicht angeschliffen werden. Je nach Holzart und eigene Vorstellung kann schon ein Anstrich genügen. Vielleicht soll die Maserung sogar durchschimmern?

Um einen schönen Shabby-Effekt zu erhalten, hat es sich bewährt, mehrere Anstriche aufzutragen. Um mehr Lebendigkeit zu erhalten, nehmen Sie zwei oder drei verschiedene Farbtöne: zum Beispiel erst Altweiß, dann ein helles Grau und dann wieder Altweiß. Zwischen den verschiedenen Schichten bitte immer erst ein paar Stunden trocknen lassen (von Hersteller zu Hersteller verschieden). Wenn die Farbe dann gut durchgetrocknet ist, gehen Sie mit Schleifpapier unregelmäßig über die Kanten des gestrichenen Objektes. Es gibt viele verschiedene Körnungen beim Schleifpapier. Grobe Körnung hinterlässt eine rustikalere Zeichnung. Feines Schleifpapier hat einen sehr viel schwächeren Abrieb. Tasten Sie sich heran und fangen Sie mit feinem Papier an. Erst mit leichtem Druck, den Sie dann bei Bedarf immer mehr verstärken. So bekommen Sie ein gutes Gefühl dafür. Jedes Stück reagiert, je nach Material, ganz unterschiedlich.

Bei alten Eichenmöbeln gibt es manchmal Probleme. Sind diese gewachst, färbt sich die neue, helle Farbe dann später ins Gelbliche. Vielleicht gefällt es Ihnen sogar, ansonsten muss das Möbelstück gründlich heiß abgewaschen oder auch intensiv geschmirgelt und grundiert werden. Oder Sie greifen zu einer „härteren" Farbe.

Bei einigen Materialien hat die Erfahrung gezeigt, dass „Sprühen" eine praktische Alternative ist: zum Beispiel bei Messingkerzenleuchtern, Körben oder Schlüsseln.

Wenn Sie noch nie „gepinselt" haben, fangen Sie am besten mit einem kleinen Stück an. Es lässt sich schnell wieder bearbeiten und verändern. Zum Üben ist das also genau das Richtige.

Schleifen & Malen

Wenn Sie beim Abschleifen von alten Möbelstücken solch ein Farbspiel freilegen, sollten Sie sich überlegen, ob dann dieses Exemplar nicht ohne weitere Farbe auskommt?! Ein wirkliches Unikat, mit viel Ausstrahlung, ist Ihnen sicher. Ein kleiner, wundervoller Nebeneffekt: es macht weniger Arbeit.

Zur kurzen Veranschauung der Arbeitsschritte dient uns hier ein kleines Massivholzschränkchen, stellvertretend für alles „Anmalbare".

Nachdem wir das Glas abgeklebt haben wird es abgeschliffen. Bei größeren Möbelstücken können Sie auch gut eine handliche Schleifmaschine benutzen.

Wir haben uns für zwei Farben entschieden. Der erste Anstrich erfolgt in lichtgrau. Bei größeren, glatten Flächen nehmen wir auch gerne eine Schaumstoffrolle.

Nach dem Durchtrocknen der Farbe streichen wir mit altweiß darüber. Nun etwas sorgfältiger.

Wenn die Farben gut durchgetrocknet sind, kann das kreative Abschmirgeln beginnen.

Sprühen

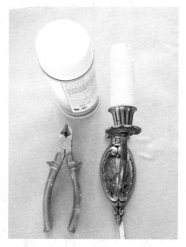   

Wenn Sie Objekte besprühen, sollten Sie immer gut Abstand halten. Sprühen Sie in kurzen Stößen, dann ist die Gefahr der „Leckaugen" geringer. Damit Sie ein wenig das Gefühl dafür bekommen, können Sie dies vorher an Pappe ausprobieren. Meistens sind mehrere Sprühgänge nötig, dies hängt vom Material und der Farbqualität ab.

  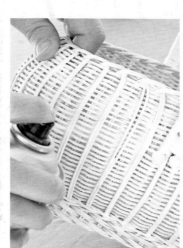 

Aufgrund des hohen Farbverbrauches ist es bei Körben manchmal ratsam, sie vorher mit Acrylfarbe und Pinsel vorzustreichen. Dann braucht man hinterher nur noch die kleinen Lücken mit Sprühfarbe zu schließen.

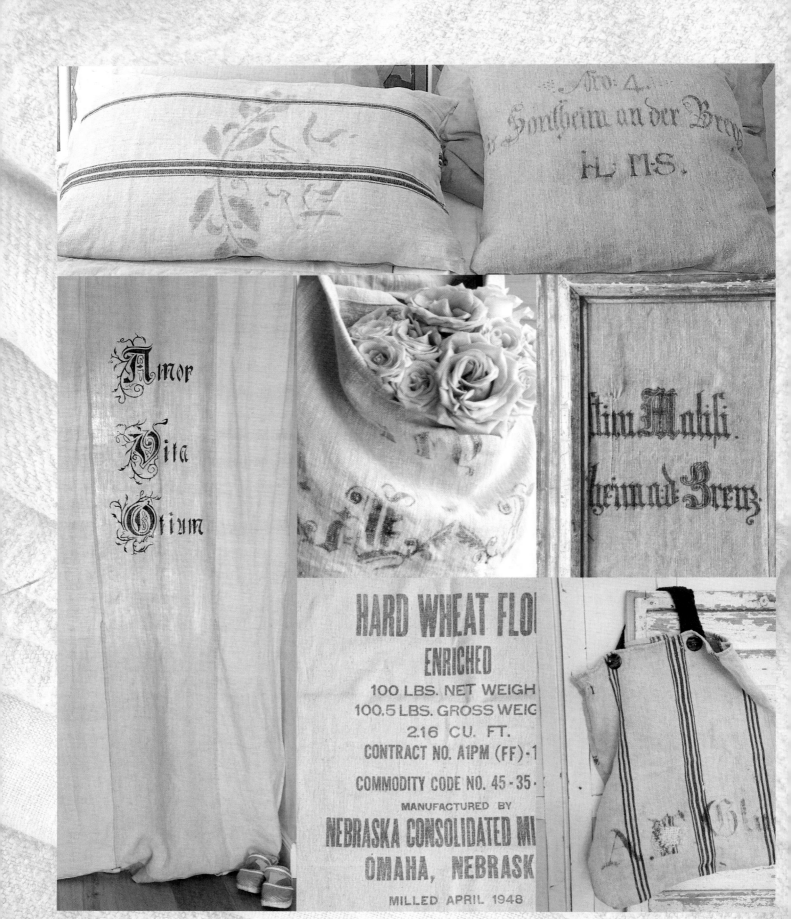

Mehlsäcke &
Leinen

Mehlsäcke & Leinen

Ob alte Mehl- oder Getreidesäcke, altes Leinen vom Flohmarkt oder von Oma auf der Rolle, alte Tücher, gedacht für Gläser oder für die Hände, oder auch Neuware am Meter – alles ist verwendbar. Vorzugsweise sind natürlich alte Materialien zu verarbeiten, denn diese Stoffe strahlen auch etwas Besonderes aus: Schauen wir uns die feinen Stickereien an, die es z. B. an manchen Vorhangstoffen zu bewundern gibt. Wie viele Abende hat wohl ein Mädchen an den Rosen gestickt, bei schlechtem Licht und vielleicht in Gedanken an ihren Liebsten? Und das sehr derbe Handtuch, gehörte es einem Bauern oder wurde es von dem Gärtner einer wohlhabenden Familie benutzt?

Ich habe von meiner lieben Schwiegermutter Leinen geschenkt bekommen, das sie noch als junges Mädchen selber am Webstuhl gefertigt hat. An den Enden sind sogar noch die Schlaufen zum Befestigen am Webstuhl vorhanden. Wir haben daraus die Tasche mit der breiten Spitzenborte und der Kranzschablone gefertigt. An die Schlaufen haben wir dann ganz einfach einen Stoffgürtel geknotet und somit waren ruck, zuck die Träger fertig. Sie diente allerdings nur zur Deko, denn zum Einkaufen war sie mir ein wenig zu schade. Mittlerweile wurde diese Tasche zu einem Kissen umfunktioniert: Dazu haben wir einfach den Stoffgürtel entfernt, vier kleine Bänder daran genäht und schon hatte ich ein wunderschönes Kissen voller Erinnerungen an die Jugendzeit meiner Schwiegermutter.
Eine andere Leinenrolle, die über 3,80 m misst, wurde von ihr mit roten Streifen bedacht. Sie war für Handtücher vorgesehen. Dieses Leinen benutze ich als „Tischläufer" für unseren langen Gartentisch aus Eiche. Es harmoniert wundervoll mit der verwitterten Patina des Holzes.

Meterware wie diese kann man auch sehr gut für Vorhänge benutzen. Doch auch Mehlsäcke, auseinandergetrennt und dann als Bahnen wieder zusammengenäht, ergeben außergewöhnliche Unikate für das Fenster. Nimmt man den Stoff für eine Arbeitsplatte im Hauswirtschaftsraum, verschwindet der Korb mit der schmutzigen Wäsche wunderbar dahinter. Sie können dies ordentlich mit einer Gardinenschiene machen oder wie ich einfach tackern. Nehmen Sie dazu den Stoff oben an der zu tackernden Kante auf 2–3 cm doppelt, damit er stabiler wird. Bei Vorhängen sollten Sie auf die Qualität der Leinen oder Mehlsäcke achten. Umso feiner der Stoff, umso schöner fällt er natürlich. Dies ist im Hauswirtschaftsraum nicht ganz so wichtig wie vielleicht im Wohn- oder Schlafzimmer. Hängen Sie den Stoff Ihrer Wahl einfach locker über eine Tür, dann können Sie sich eine gute Vorstellung machen. Wenn Sie neues Leinen verwenden, sollten Sie den Stoff VORHER waschen, da er sicher noch einläuft. Ebenso müssen Sie bedenken, dass neues Leinen nach jedem Waschgang an Farbe verliert.

Da ausgesprochen schöne Mehlsäcke nicht nur selten sind, sondern auch ihren Preis haben, hier ein kleiner Tipp zum Fertigen von Kissen oder langen Auflagen für Bänke: Trennen Sie die Nähte auf und schneiden Sie den Sack in zwei Teile. So können Sie die Rückseite, z.B. des Kissens, durch einfachen Stoff/Leinen ersetzen, doch alle schönen Motive bleiben sichtbar.

All das lässt sich, natürlich je nach Wunsch und Vorliebe, schablonieren, mit Spitzen und Knöpfen verzieren, mit Transferfolie „bebügeln" oder mit Stempeln bedrucken. Lassen Sie Ihrer Individualität freien Lauf.

Es ist sehr einfach, einen alten Stuhl neu mit altem Stoff zu beziehen. Bei Bedarf reinigen Sie vorher den alten Bezug mit einer Bürste und/oder Waschmittel. Legen Sie den „Sitz" auf den ausgewählten Stoff, geben Sie ca. 7 cm dazu (je nach Stärke der Sitzfläche) und schneiden Sie dementsprechend den Stoff aus. Nun legen Sie den Sitz mittig und tackern unter leichtem Zug den Stoff gleichmäßig fest.

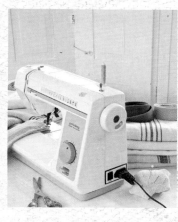

Nein, wir beide sind keine begeisterten Näherinnen. Das hat natürlich auch zeitliche Gründe, aber vor allen Dingen fehlt es uns wohl an Talent – leider. Aus diesem Grunde fallen unsere Stoffthemen aber immer möglichst simpel und für jedermann leicht nachvollziehbar und nachnähbar aus.

Unsere Devise lautet: Es sollten immer gerade Nähte sein und Knopflöcher werden möglichst umgangen. Gepriesen seien die, die sie nähen können! In der Regel wird der Rand als erstes mit dem Zickzack-Stich umnäht, um das Ausfransen zu verhindern. Danach wird von uns nur noch der „normale", gerade Stich verwendet, für eine Kante oder zum Zusammennähen.

Bei den Kissen bevorzugen wir alle möglichen Bänder zum Verschließen. Je nach Größe des Kissens ein, zwei oder drei Stück, plus Partner auf der gegenüberliegenden Seite natürlich. Man kann diese auch wunderbar je nach Jahreszeit oder Stil auswechseln. Wenn die Kissen nicht zu groß sind, kann man sie auch sehr schön zu Taschen umfunktionieren. Stoffgürtel als Träger sind sehr einfach anzunähen und überall zu bekommen. Sehr originell sieht es auch aus, die Stoffgürtel/Träger mit großen Knöpfen anzunähen. Lederriemen sind eine wirkungsvolle Alternative: superschön, aber das Nähen harte Arbeit. Benutzen Sie bitte bei allen Trägern sehr starkes Garn.

Erst der Zickzack-Stich, danach gerader Stich | Bänder für Kissen | Stoffgürtel/Träger für Taschen | Knöpfe zum Befestigen

Pinnwände

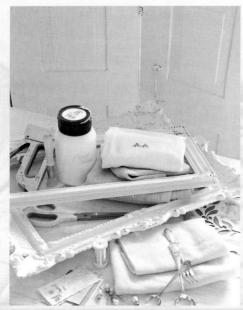
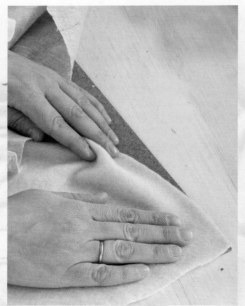
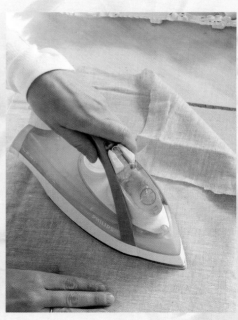

Für alle in diesem Buch von uns gezeigten und mit Stoff hinterlegten Rahmen benötigen Sie Folgendes: Flies aus dem Bastelladen, einen Tacker, Kreppband und ein Bügeleisen. Dazu einen von Ihnen gewählten Rahmen, Stoff und entsprechendes Dekomaterial wie Dekonadeln, Silberbesteck, Karten oder Fotos, kleine Erinnerungen (Schühchen, Schmuck…), Farbe, Schablonen, Stempel usw.

Schneiden Sie das Flies auf die Größe der Rückwand zu. Der Stoff wird ebenso abgemessen, nur geben Sie an jeder Seite ca. 5 cm dazu.
Bügeln Sie den Stoff direkt auf dem Flies glatt. Drehen Sie das Ganze um. Legen Sie den Stoff nun gleichmäßig, unter leichtem Zug, um. Tackern Sie dann den Stoff einmal um die gesamte Rückwand fest. Danach kleben Sie die Rückseite mit Kreppband ab, damit es ein wenig ordentlicher aussieht. Fixieren Sie die Rückwand mit dem Tacker, falls keine Haken zum „Dahinterklemmen" mehr vorhanden sind. Nun dekorieren Sie ganz nach Ihren Wünschen. Wir haben uns hier für das Schablonieren entschieden.

Warum etwas Neues, wenn es noch etwas Altes gibt?!

Einfacher geht es kaum: eine alte Lamellentür und alte Wäsche-
klammern ergeben schnell ein schönes Unikat.

Das Kopfteil eines nostalgischen Kinderbettes hatte sein
Gegenstück verloren und wurde ausgemustert. Neu gestrichen
und an eine stabile, alte Garderobenleiste gehängt, ist es nicht
nur sehr praktisch, sondern auch ein toller Hingucker.

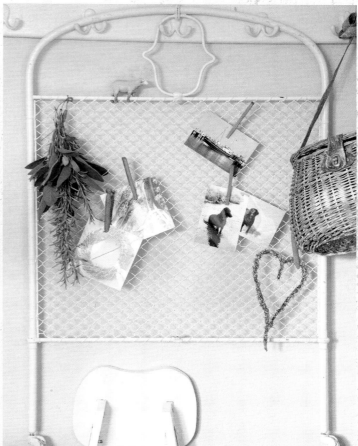

Sie benötigen:

- Eine alte Steh- oder Tischlampe
- Stoff Ihrer Wahl, dies können alte Mehlsäcke oder auch Hand- und Geschirrtücher sein
- Dünnes Paketband oder Ähnliches
- Stecknadeln und große Stopf- oder Sicherheitsnadeln
- Nähmaschine
- Evtl. Satinband und dünnen Silberdraht
- Spitzenband, Bänder, Karten, Knöpfe ect. zum Dekorieren

Für diesen Lampenschirm benötigen Sie außer der Lampe und einem Tontopf nur Papier Ihrer Wahl und Bastelkleber.

Reißen Sie das Papier in passende Stücke – nicht zu groß, sonst wellt es sich. Verteilen Sie den Kleber mit einem Pinsel auf dem Papier und kleben Sie dieses dann zügig auf den gesäuberten Tontopf.
Den Schirm eventuell nach dem Trocknen ganz dünn mit Klarlack behandeln, damit er auch mal abgewischt werden kann.

 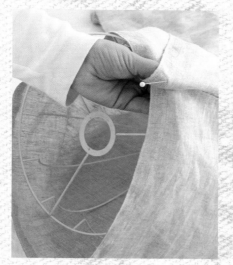 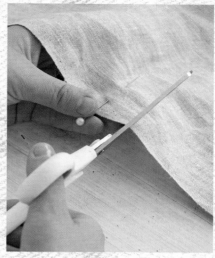

FÜR DIE LÄNGE DES STOFFES: *Breiten Sie den Stoff aus und legen Sie den Lampenschirm darauf. Schlagen Sie den Stoff locker um den Schirm. Rechnen Sie ca. 5 cm dazu. Kennzeichnen Sie dies mit Stecknadeln und schneiden Sie den Stoff ab.*

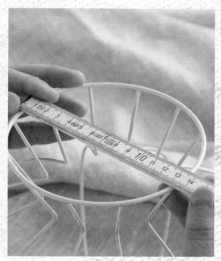  

FÜR DIE HÖHE DES STOFFES: *Messen Sie den oberen Radius des Schirmes aus. Dazu rechnen Sie die Höhe des Schirmes und geben nochmals ca. 8 cm dazu, als Nahtzugabe für den Tunnelzug. Schneiden Sie nun den Stoff entsprechend zu. Die untere Kante wird einfach umgenäht, bei der oberen wird ein Tunnel genäht. Beim Zusammennähen achten Sie darauf, dass der Tunnelzug nicht zugenäht wird. Fädeln Sie nun das Paketband durch die Stopfnadel und führen Sie diese durch den Tunnelzug. Dann kräuseln Sie den Stoff zusammen.*

  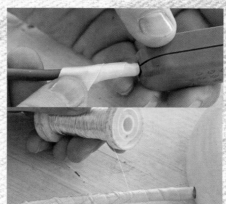

Verschönern Sie das Kabel, indem Sie es gleichmäßig mit Satinband umwickeln. Dann mit Silberdraht nochmals leicht fixieren.

Legen Sie die obere Kante locker in den Lampenschirm. Achten Sie dabei auf genügend Abstand zu den Glühbirnen. Form bekommt der Schirm jetzt durch das Verzieren mit Spitze & Co.

Schuhleisten

Die hier von uns gezeigten Arbeitsschritte für Leisten sollen Ihnen natürlich als Hilfe dienen, aber auch Anreiz für eigene Kreationen sein. Es lässt sich noch so viel mehr mit ihnen anstellen. Zudem sind sie wunderbare, kleine und sehr individuelle Geschenke für Menschen, die uns am Herzen liegen. Mit einem besonderen Spruch versehen, einem kleinen Tauffoto oder mit Omas alter Perlenkette verziert – persönlicher geht es kaum.

Bei dieser Leiste benötigen Sie ein oder mehrere Ziffernblätter. Befestigen Sie das Ziffernblatt einfach mit einer kleinen Schraube, versehen Sie die Kerze mit ein wenig Haftknete und drücken diese dann mit Gefühl auf das Ziffernblatt. Ob Sie noch Paketband oder Spitzenband, ein paar kleine Knöpfe usw. verwenden, bleibt Ihrer Fantasie überlassen.

Mit Glück erwischen Sie eine Leiste, die so eine praktische „Kerbe" hat. Dann hält sich der weitere Aufwand für die kleine Garderobe in Grenzen: Einfach mit dem Schraubenzieher an der Hacke einen etwas stabileren Haken anschrauben. Im Baumarkt gibt es diverse Sorten. Fertig ist das gute Stück.

Eine persönliche Botschaft!
Mit einem sehr dünnen Lackstift wird ein Vers oder Spruch Ihrer Wahl auf die Leiste geschrieben. Üben Sie vorher ein wenig auf einem Stück Holz, damit Sie ein Gefühl für den Stift bekommen. Oder üben Sie mit einem Bleistift direkt auf der Leiste. Wenn Sie den richtigen Schwung gefunden haben, radieren Sie alles weg und arbeiten dann erst mit dem Lackstift.

Schuster, bleib bei Deinen Leisten!

Hier wiederholen sich die Grundarbeitsschritte. Die Leisten werden leicht angeschliffen und mit Acrylfarbe bemalt. Nach dem Trocknen wiederum mit Schleifpapier leicht abschleifen und je nach Wunsch verzieren.

Diese Variante, die wir als Kerzenständer für kleine Kerzen benutzen, haben wir lediglich mit einem Spitzenband und einem Siegel verziert.

Als Stiftehalter am Telefon oder auf dem Damenschreibtisch macht die weiße Leiste ebenfalls eine sehr schöne Figur.

  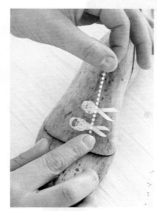 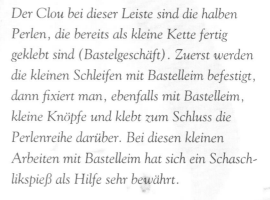

Der Clou bei dieser Leiste sind die halben Perlen, die bereits als kleine Kette fertig geklebt sind (Bastelgeschäft). Zuerst werden die kleinen Schleifen mit Bastelleim befestigt, dann fixiert man, ebenfalls mit Bastelleim, kleine Knöpfe und klebt zum Schluss die Perlenreihe darüber. Bei diesen kleinen Arbeiten mit Bastelleim hat sich ein Schaschlikspieß als Hilfe sehr bewährt.

Das nostalgisches Spitzenband und die Stempel sind bei den weißen Leisten das i-Tüpfelchen.

Die ausgesuchten Stempel werden nur ganz leicht mit einem Pinsel mit Acrylfarbe bestrichen. Wegen der Rundungen setzt man den Stempel an einer Seite an und rollt ihn dann langsam ab. Starre Holzstempel sind hierfür nicht so gut geeignet.

Kränze

Der Kalkkranz

Der durch seine Farbe unschlagbar vielseitige „Allrounder" lässt sich ganz einfach herstellen und wunderbar dekorieren.

Sie brauchen:

Einen oder am besten gleich mehrere Naturkränze, mit Wasser leicht verdünnte Wandfarbe (gebrauchen Sie möglichst Reste, da die Farbe eventuell verunreinigt wird, zur Not könnte diese später aber durch einen Nylonstrumpf gesiebt werden), 2 längliche Stäbe, einen Pinsel und etwas Zeit, da der Kranz mindestens zwei Tage trocknen muss. Den Dekorationsmöglichkeiten sind dann keine Grenzen gesetzt.

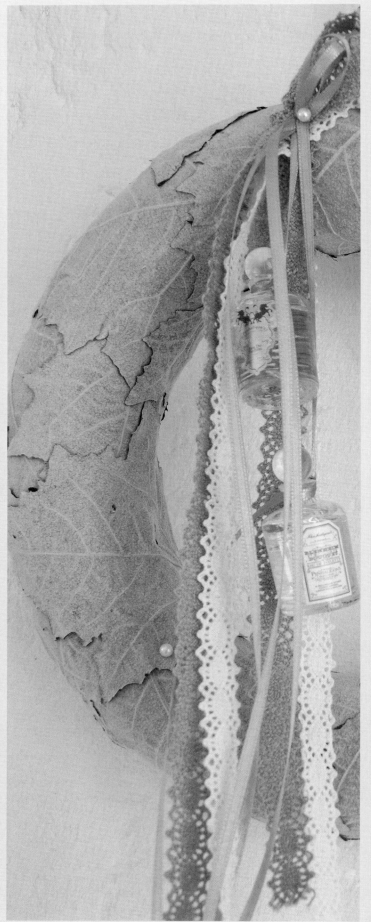

Der Pappelkranz

Inspiriert durch den wunderschönen Wollziest (der übrigens auch auch Eselsohr genannt wird), haben wir diesen Kranz gefertigt. Da aber bei weitem nicht jeder einen Garten hat und die Pflanze im Laden sehr teuer ist, ist die Gemeine Pappel eine gute Alternative. Sie ist überall bei uns in der Natur zu finden.

Für diesen schönen Pappelkranz brauchen Sie:
- Pappelblätter
- 1 Styroporkranz oder -kugel in der gewünschten Größe
- Doppelseitiges Klebeband oder Teppichklebeband
- 1 Mullbinde
- Bänder, Perlen, Dekonadeln usw. zur Verzierung

Schneiden Sie vom doppelseitigen Klebeband handliche Stücke zu und kleben Sie diese um den Kranz herum, auch hinten. Gehen Sie schrittweise vor, am besten in Abständen von 15–20 cm, das ist etwas leichter.

Drücken Sie nun die Blätter fest auf die vorbereiteten Stellen. Dort, wo evtl. die Blätter abstehen, fixieren Sie diese mit einem Stückchen Klebeband. Wenn alle Pappelblätter gut angeklebt sind, umwickeln Sie den Kranz mit einer Mullbinde und legen ihn einen Tag beiseite. So schmiegen sich die Blätter sehr schön an.

Nach dem Entfernen der Mullbinde brauchen Sie den Kranz nur noch nach Ihren Vorstellungen zu verzieren.

Bei unserem Kranz haben wir uns für viele Bänder, aufgeklebte Perlen und Miniparfümfläschen entschieden.

133

Der Silberkranz

Für unseren einzigartigen Silberkranz benötigen Sie sicher etwas Geduld, da Sie erst das Silber sammeln müssen. Sie brauchen aber keine 1a-Wahl, denn die Silberteile dürfen gern etwas shabby sein. Zudem werden nur Einzelteile benötigt, so dass es relativ schnell gehen dürfte, ca. 20 Exemplare auf Flohmärkten zusammenzutragen. In der Regel sollten Sie nicht mehr als einen Euro pro Stück ausgeben, sofern es sich nicht um sehr ausgefallene Stücke handelt, wie z.B. einen Puderzuckerlöffel.

Neben dem Silber brauchen Sie noch:
- 3 x 2 Stäbe Steckdraht, 35 cm lang
- Silberdraht
- 1 Zange
- Graues Baumwollband und kleine Filzstückchen
- 1 Samtband o.Ä. und 1 Dekonadel nach Ihren Wünschen

Nehmen Sie jeweils zwei Stück Draht in jede Hand und verzwirbeln Sie die Enden wie auf dem Foto zu sehen ist; so wird der Kranz auch zum Schluss verschlossen. Danach werden die Drähte einzeln verzwirbelt. Nun müssen Sie auf die gleiche Weise ein weiteres „Drahtpärchen" einarbeiten. Anschließend umwickeln Sie den Kranz sorgfältig mit dem Baumwollband. Danach werden die Silberteile mit dem feinen Silberdraht am Kranz befestigt. Spielen Sie ein wenig mit dem Besteck und probieren Sie aus, wie und wo welches Stück am besten wirkt. Zum Schluss versehen Sie die Rückseite mit einigen Filzstückchen, damit Tür oder Wand später geschützt sind. Zu guter Letzt wird nur noch das Samtband befestigt und mit einer Dekonadel versehen. Probieren Sie dabei gerne Ihre eigenen Ideen aus.

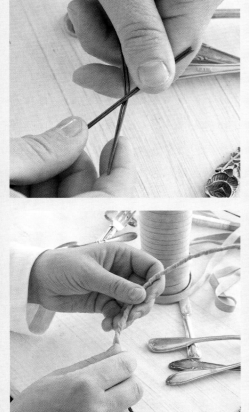

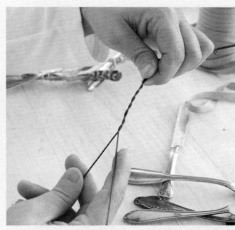

Glas

Teelicht, Keksglas,
Vase, Knöpfeglas, Gästeseife …

Sie brauchen alte oder auch neue Spitze, Breite je nach Wunsch, bzw. Karten oder Fotos, Bastelkleber.

Spitze locker um das Glas legen und abschneiden. Nun den Kleber mit einem breiten Pinsel auf dem Glas verteilen.

Spitze locker auf das Glas legen und leicht andrücken.

Reste des Bastelklebers lassen sich später ganz mühelos mit einem feuchten Lappen entfernen.

Wenn Sie mit Karten und Fotos arbeiten, streichen Sie den Leim immer auf das Papier, da sonst die Motive auf dem Glas schnell „wellen" können. Im Anschluss können Sie, je nach Vorliebe, die Karten mit Schleifpapier bearbeiten, um sie noch ein bisschen mehr „shabby" aussehen zu lassen. Ein Spitzenband, um das Motiv herumgeklebt, gibt dem Ganzen einen noch romantischeren Look.

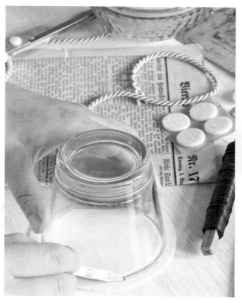

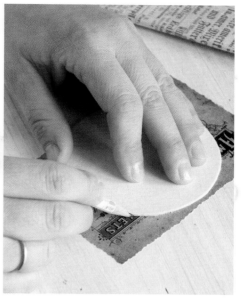

Materialien: Gläser, dekoratives Papier (alte Zeitungen, Geschenkpapier, Karten), Schleifpapier, Wickeldraht, Bierdeckel oder Pappe, Bastelkleber, Filzgleiter, Dekonadeln, Pinsel, Zange, Kordel

Stellen Sie das ausgesuchte Glas mit der Öffnung nach unten auf die Pappe. Ziehen Sie nun auf der Pappe mit dem Bleistift eine Linie. Schneiden Sie den Kreis heraus.

Zeichnen Sie anhand des Pappdeckels Ihr Motiv auf dem gewählten Papier an und schneiden es dann aus.

Bestreichen Sie NUR das Papier mit Bastelkleber und fügen Sie dann beide Teile zusammen.

Schleifen Sie die Kanten vorsichtig ab, das ergibt einen feinen Shabbylook.

Kleben Sie die Kordel, mit dem Bastelkleber, auf die Unterseite der Pappe.

Stecken Sie eine Dekonadel durch die Mitte des Deckels und fixieren Sie diese mit einem Filzgleiter an der Unterseite. Zum Schluss knipsen Sie die überstehende Nadel vorsichtig mit der Zange ab.

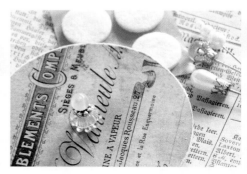

Rosenbadesalz

Stark duftende Rosen, die Menge nach Bedarf, locker auf dem Backblech verteilen.

Bei 50 °C Umluft je nach Menge 20-50 Min. trocknen lassen.

Zwischendurch die Blätter auflockern und den Trocknungsgrad kontrollieren.

Wenn die Rosenblätter gut ausgekühlt sind, schichten Sie diese abwechselnd mit grobem Meersalz in einem Glas Ihrer Wahl. Ein schönes Geschenk, aber natürlich auch zum Eigenverbrauch gedacht. Meistens verschenken wir solche schönen Dinge und denken dabei gar nicht an uns. Planen Sie also gleich mehrere Gläser ein. Getrocknete Rosen verbreiten, als kleine ergänzende Dekoration, überall im Haus eine subtil-romantische Atmosphäre.

Ein kleiner Tipp, wenn Sie keine eigenen Rosen haben: Ab Anfang Juni blüht überall in unserer freien Natur die wunderbar duftende Apotheker-Rose (Rosa gallica „Officinalis"). Nehmen Sie sich die Zeit und machen einen kleinen Spaziergang, aber bitte nicht an der stark befahrenen Straße. Anstelle von Rosen eignen sich auch wunderbar Lavendel (beruhigend, entspannend) oder Rosmarin (belebend).

Drahten

Sie benötigen:
1,2 stabile Zangen,
Holzgriffe (Holzlöffel
usw.), diverse Drähte
und Dekomaterial.

Fangen Sie mit einfachen Objekten an, z.B. mit Buchstaben. Mit Hilfe von runden Hölzern und Zangen bringt man den Draht relativ einfach in Form. Dafür können Sie alle möglichen Dinge nutzen: Flaschen, Stifte, Gläser, Dosen usw. Der Wickeldraht ist meistens ziemlich verbogen, wenn man ihn von der Rolle zieht. Um ihn wieder glatt zu bekommen, legt man ihn auf den Rücken einer Zange oder Schere und zieht ihn lang (genau so wie, man Geschenkband kräuselt).

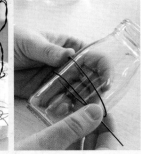

Hängegläser

Hierzu nehmen Sie Steckdraht. Legen Sie den Draht zum Biegen über das Glas. Anschließend wie auf den Fotos in Form bringen. Einen Ring um den Hals des Glases formen und in die Halterung einlegen, mit der Zange festzwirbeln. Die Enden zum Schluss zu einer Schnecke biegen.

Blume mit Draht

Hierfür benötigen Sie Steckdraht, aber auch Wickeldraht sowie ein kleines Spitzendeckchen und Perlen. Den Steckdraht durch die Mitte des Deckchens stecken. Angefangen an dem zusammengehaltenen „Knospenende" wickeln wir mit Wickeldraht von oben nach unten herunter. Durch eine Art Schlaufe werden zwischendurch die Blätter eingearbeitet. Die Blüte wird zum Schluss mit Perlen dekoriert.

146

Garderobenhaken

Neben einem passenden Brett brauchen Sie Steck-draht und Nägel. Zwei Drähte von 35 cm Länge werden überkreuzt und verzwirbelt. Dies sieht nicht nur schön aus, sondern es verstärkt auch den Draht. Den Draht in der Mitte zur Schlaufe biegen. Die beiden Enden werden zu einem Herz geformt. Den Haken nun mit einem Nagel auf dem Brett befesti-gen und in Form biegen. Die hinteren Haken können Sie auch mit Draht ganz einfach nacharbeiten.

Krone

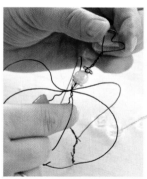

Für die filigrane Krone brauchen Sie Wickeldraht sowie Perlen zur Dekoration. Sie bedarf ein wenig Übung. Schneiden Sie sich die benötigten Drähte wie abgebildet zurecht. Die Länge entsprechend der gewünschten Kronengröße. Bringen Sie drei Stück mit Hilfe einer Flasche in Form. Legen Sie die Bögen quer über den vorbereiteten Ring und befestigen Sie die Enden daran. Aus einem weiteren Draht formen Sie ein kleines Herz, es sollte in etwa mittig liegen. Die beiden langen Enden werden gut zur Hälfte mit-einander verzwirbelt und dann mit ein paar Perlen versehen. Stecken Sie nun das Herz in die Mitte der Krone und verzwirbeln die Endstücke des Herzens. Dadurch bekommt die gesamte Krone den benötigten Halt. Wenn Sie möchten, können sie auch diesen unteren Teil mit Perlen versehen.

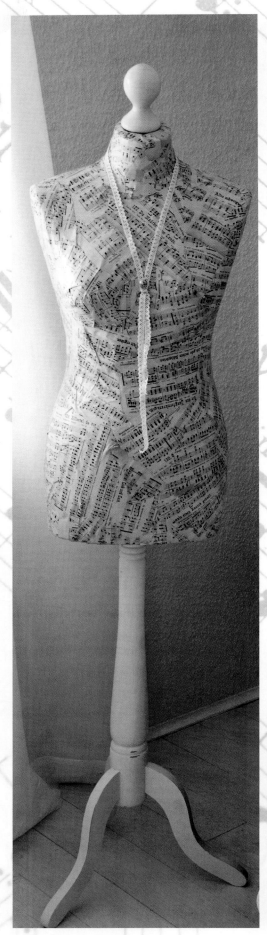

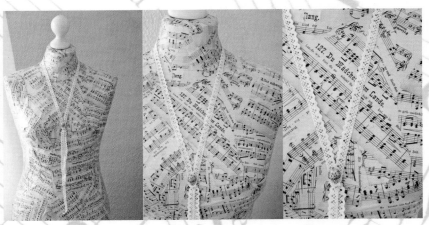

Schneiderpuppe

Neben einer Schneiderpuppe benötigen Sie Bastelkleber, einen breiteren Pinsel sowie alte Zeitungen oder Notenblätter (Kopien). Bei Bedarf Acryllack. Utensilien zur Dekoration nach Wunsch.

Zu Beginn reißen Sie das Papier in unregelmäßige, handliche Stücke. Legen Sie mehrere Stücke auf den Tisch und geben Sie jeweils einen Klecks Bastelkleber darauf. Zügig mit dem Pinsel verteilen. Dann ebenso zügig mit dem Pinsel auf die Büste kleben. Arbeiten Sie von oben nach unten. Falls Ihnen zum Schluss die Farbe des Papiers zu intensiv erscheint, verdünnen Sie weißen Acryllack in einem kleinen Schüsselchen mit Wasser und tragen diese Mischung mit dem Pinsel auf. Testen Sie eventuell vorher, auf einen Stückchen Zeitung oder auf dem Rückteil, die Intensität. Das verwendete Papier kann Ihnen natürlich auch zu hell erscheinen, dann kommt dunkler Acryllack zur Verwendung.

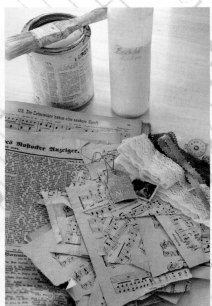

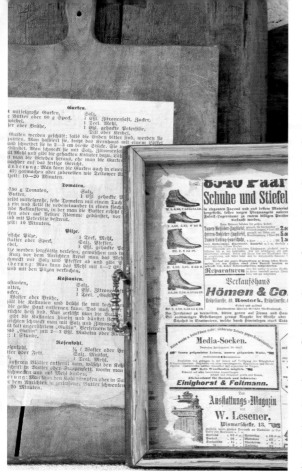

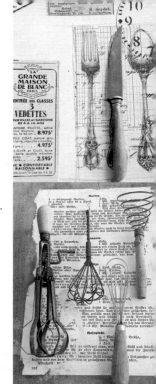

Zeitung & Co

Wenn Sie sich für ein Tablett, Brett, Pappe usw. entschieden haben, brauchen Sie noch Bastelkleber, einen Pinsel, alte Zeitungen (Kopien), nicht zu grobes Schleifpapier und dunkle Acrylfarbe.

Das Papier wird auf der Rückseite reichlich mit Bastelkleber bestrichen. Lassen Sie den Kleber ein wenig einwirken, damit der Bogen beim Aufkleben keine Wellen schlägt. Wenn Sie das Papier dann aufgeklebt haben, lassen Sie es eine kurze Zeit antrocknen.

Damit wir einen Shabby-Effekt erhalten, werden nun Teile der Zeitschrift wieder abgeschmirgelt. Gehen Sie anfangs behutsam vor, damit Sie ein Gefühl dafür bekommen und nicht mehr entfernt wird, als Ihnen lieb ist.
Zu guter Letzt wird wenig Farbe mit Wasser vermischt. Diese Mixtur tragen Sie ohne große Überlegung mit dem Pinsel oder auch gerne mit den Händen auf Ihr Unikat auf, solange bis Sie mit dem Resultat zufrieden sind.

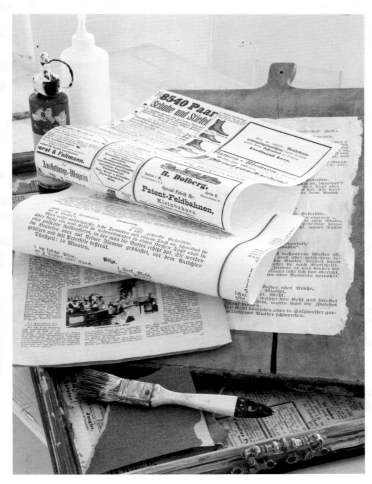

Jeder Topf...

Wir haben ja schon gezeigt, dass man Tontöpfe als kleine Lampenschirme gut wiederverwerten kann. Hier kommt eine weitere Variante, um diese praktischen Töpfe nicht entsorgen zu müssen. Schön verziert eignen sie sich auch wunderbar als Geschenkverpackung.

Hierzu brauchen Sie einen Tontopf, den Sie vorher mit Acrylfarbe bemalt haben, sowie Bastelkleber, etwas Stoff und Band. Eventuell Schleifpapier.

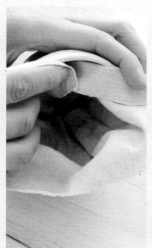

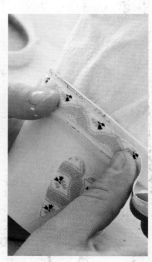

Legen Sie den Stoff um den Topf herum, geben Sie ein paar Zentimeter dazu. Die „Höhe" des Stoffes hängt ebenso von der Topfgröße ab. Hier sind es ca. 12 cm. Nachdem Sie den Stoff zugeschnitten haben, geben Sie reichlich Bastelkleber hinein und verteilen Sie ihn durch das Andrücken des Stoffes. Zum Verzieren der Töpfe haben wir Reste von Wachstuch genommen und ebenfalls mit Bastelleim fixiert. Jeder andere Stoff geht natürlich auch.
Je nach Auswahl des Stoffes und der Bänder kann so ein Einzelstück sehr rustikal oder auch sehr edel wirken.

... findet seinen Deckel!

Wie bereits erwähnt, haben wir beide eine Schwäche für Ziffernblätter. Daher ist diese Möglichkeit unser persönlicher Favorit. Anhand der Fotos können Sie erkennen, wie schnell und einfach so eine Gefäß gefertigt ist.

Neben den Ziffernblättern brauchen Sie nur noch Schrankknöpfe oder als Alternative eine größere Perle mit Draht.

Tipp: Es ist manchmal gar nicht so leicht, an größere Ziffernblätter zu kommen. Bei dem Foto links wurde eine Kopie auf Pappe geklebt und danach wieder leicht abgeschmirgelt. Perfekt!

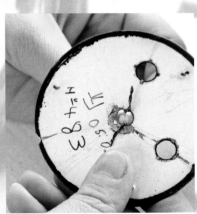

151

Schablonieren

Sie können auf fast allen Untergründen schablonieren.
Dies geht sehr gut mit Acrylfarbe oder auch mit Sprühlack,
allerdings braucht dies ein bisschen Übung. Wir bevorzugen
die Arbeit mit dem Pinsel, da man damit sehr viel gezielter
agieren kann.

Schablonen gibt es im Handel in sehr vielen unterschied-
lichen Ausführungen. In Metall oder Kunststoff, einzelne
Buchstaben und Motive oder auch ein ganzes Alphabet.
Am schönsten sind jedoch die alten Schablonen, die man
noch hin und wieder auf dem Flohmarkt findet oder im
Internet ergattern kann.

Beim Schablonieren ist es wichtig, dass die Schablone fest
auf dem Untergrund liegt. Mit Kreppband kann man sie
sehr gut fixieren. Arbeiten Sie immer mit wenig Farbe
und tupfen Sie den Pinsel senkrecht auf das Motiv. Es gibt
dafür spezielle Pinsel im Handel. Achten Sie in diesem Fall
auf gute Qualität, damit der Pinsel nicht andauernd Haare
verliert und Ihr Wirken beeinträchtigt.
Sie benötigen im Übrigen keine besondere Stoffmalfarbe,
denn Acrylfarbe kann gut gewaschen werden.

Stempeln

Beim Stempeln ist es ähnlich wie beim Schablonieren. Sie können fast alles bestempeln: Metall, Holz, Glas usw. Nur Stoff eignet sich weniger gut, da ist das Gelingen, gerade bei etwas feineren Motiven, reine Glückssache. Auf Filz jedoch, wie bei unserem Rezeptbuch, ergibt der Stempel noch ein ganz schönes Resultat. Gearbeitet haben wir auch hier immer mit Acrylfarbe und feinem Farbauftrag.

Schauen Sie im Handel, welche Stempel Sie bevorzugen. Jeder hat da seine Vorlieben, ob starr auf Holz oder Kunststoff oder auf weichem Schaumstoff. Letztlich entscheidet aber das Motiv, welchen Stempel wir wählen. Auch hier empfehlen wie Ihnen, ein wenig zu üben, bevor Sie ans „Eingemachte" gehen.

Alles nur Blech

Die verschiedenen Schilder und der Kranz sind aus Prägefolie entstanden, die man im Bastelgeschäft erhält. Sie lässt sich gut schneiden und formen. Wenn Sie die Folie mit einer Zierrandschere schneiden, sieht es besonders schön aus und passt ideal zum Shabby Style. Zum Prägen kann man einen Kugelschreiber oder einen weißen Buntstift verwenden. Wichtig: bei Schriften immer seitenverkehrt arbeiten!

Wenn Sie keine Schablone nutzen möchten oder können, schreiben Sie Ihren Text vorher auf Pergamentpapier und pausen diesen dann seitenverkehrt auf die Prägefolie. Das Metall lässt sich sehr gut besprühen und bemalen. Wenn es etwas „shabby" sein soll, malen Sie nicht so ordentlich und nehmen hinterher mit einem Tuch wieder etwas Farbe über der Schrift ab.

Der Silberkranz! Nicht so schwer, wie er aussieht! Sie brauchen: Prägefolie, Bindedraht und dünnen Silberdraht auf der Rolle. Prägen Sie ca. 5 cm große, längliche Blätter auf die Folie. Wenn Sie alle ausgeschnitten haben, prägen Sie mit dem Bleistift mittig eine Linie, diese hilft beim anschließenden Formen. Die Blätter werden nun mit ca. 20 cm langem Silberdraht stramm umwickelt – und zwar so, dass das Blatt mittig angesetzt wird. Die Blätter werden dann, immer ein wenig versetzt, von oben nach unten, einzeln um den Kranz gebunden.

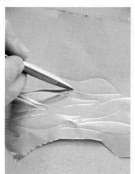

Alles nur Pappe

Die &-Zeichen sind aus Pappe. Man erhält sie im Bastelgeschäft. Es gibt eine Vielzahl von Zahlen, Zeichen und Buchstaben. Sie sind eine gute Alternative zu den teureren Holzvarianten.

Genauso wie unsere Schilder und Deckel, die aus einer Rückseite eines Zeichenblocks entstanden, werden die Zeichen satt mit Acrylfarbe bestrichen. Wenn diese gut durchgetrocknet ist, wird wieder mit dem Schleifpapier gefühlvoll abgeschmirgelt.

Wenn man möchte, sind nun alle möglichen Stempel oder Schablonen verwendbar. In jeder Farbe und Stilrichtung.

Spannend ist, welche Unikate noch so bei Ihnen entstehen. Sie werden bestimmt viele Ideen bekommen, was man auf diese Weise noch alles mit Pappe machen kann!

155

Mit alten Ziffernblättern lassen sich kleine, sehr individuelle Schmuckstücke zaubern. Kein Ziffernblatt gleicht dem anderen. Einige sind in sehr gutem Zustand und mit Blümchen verziert. Wieder andere haben schon sehr viel mitgemacht und sind eher schlichter in ihrer Optik.

Für Ihren einzigartigen „Uhrenschmuck" benötigen Sie eine kleine handliche Zange und ganz nach Geschmack Silberdraht, Anstecker für Broschen, Haken und Ösen aus dem Bastel- oder Schmuckgeschäft. Vielleicht schauen Sie vorher in Ihr Schmuckkästchen, ob dort nicht eine einsame, alte Kette oder ein schlichter Ring auf eine neue Chance warten.
Bei den Ziffernblätter lässt sich das Loch in der Mitte wunderschön mit „Pearl Brads" schließen. Dies sind halbe Dekoperlen mit Klammern am Rückteil. Man erhält sie in vielen verschiedenen Ausführungen im Bastelgeschäft.

Diese Stoffblume haben wir aus schönem Wachstuch gefertigt. Auch andere Stoffe gehen. Achten Sie nur darauf, dass der Stoff nicht zu dick ist, er lässt sich dann schwerer formen und wirkt unter Umständen klobig. Die Länge und Breite des Stoffes richtet sich nach der gewünschten Größe der Blüte, 30 cm x 8 cm sei hier ein Richtwert. Wenn der Stoff nur einseitig bedruckt ist, legen Sie den Stoff doppelt. Das Material wird nun zentimeterweise in die Hand drapiert, das Blütenende stramm mit dünnem Draht umwickelt und dann mit einem Samtband sauber verziert. Eine sehr schöne Variante ist solch eine Blüte aus nostalgischem Zeitungs- oder Notenpapier.

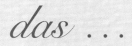

das . . .

Für dieses Täschchen oder Buch benötigen Sie:
- Filz, 2mm stark
- Eine Lochzange
- Ein kleines Ziffernblatt oder andere kleine Dekoteile
- „Pearl Brads" aus dem Bastelgeschäft
- Schöne Bänder

Schneiden Sie den Filz nach dem ausgewählten Stück, wie z.B. Handy oder Buch, zu. Beim Abmessen lieber immer einen kleinen Spielraum lassen.

Täschchen:
Legen Sie den Filz so zusammen, dass er oben überlappt. Die später zu schließenden Seiten werden durch die Lochzange mit Löchern versehen. Mit einem schönen Band werden die Seiten nun „zugenäht". Hier leistet ein Schaschlikspieß gute Dienste. Wenn Sie möchten, können Sie die Lasche dann noch in Form schneiden. In diesem Fall haben wir das Ziffernblatt mit den „Pearl Brads" befestigt. Um die Klammer wird eine kleine Schlaufe gebunden. Dann die Klammern durch den Filz stechen und anschließend fest auseinanderdrücken. Als Gegenstück für die Lasche wird ein „Pearl Brad" auf dem Täschchen befestigt.

Bei dem Buch bedenken Sie bitte, dass im auseinandergeklappten Zustand abgemessen werden muss. Durch die „Pearl Brads" werden die Seiten zusammengehalten. Entsprechend Ihren Wünschen können Sie das Buch nun ausdekorieren. Wir haben uns hier für einen Druck entschieden und kleine Spielzeugbestecke mit Bändchen darauf befestigt.

Persönliche Lieblingsstücke

Oft sind es die kleinen Schätze, die einen beglücken. Man stöbert über den Flohmarkt, die Augen offen haltend nach einem besonderen Stuhl oder Regal. Auf einmal erblickt man sie. Voller Überraschung und völlig unerwartet. Manchmal sofort erschwinglich oder erst nach zähen (aber bitte fröhlichen) Verhandlungen darf man dieses besondere Stück sein Eigen nennen. Hier sehen Sie unsere ganz persönlichen Schätze. Manchmal weiß man gar nicht, warum einen gerade dieses spezielle Kleinod so begeistert. Es sind wahrscheinlich die Geschichten, die sie uns erzählen könnten.

Stefanie ist das alte R aus der Konditorei ganz besonders ans Herz gewachsen, verständlicherweise. Die alten Pokerwürfel haben eine ganz besondere Ausstrahlung, viel wurde schon mit ihnen gespielt – aber vor allen Dingen erinnern sie an einen wundervollen Flohmarkttag in Lille. Das alte Blumen-Quartett kann sich noch in seinen Originalkarton einfinden. Stefanie mag die nostalgischen Blumenabbildungen und die passenden Bezeichnungen ganz besonders.

Dieses Kristallpetschaft mit den Initialien *GL* habe ich in Schweden erworben. Ich habe bis jetzt nichts Vergleichbares gesehen. Wahrscheinlich gehörte es einer wohlhabenden Frau. Es ist mein ganz persönlicher kleiner Schatz, obwohl ich es für kleines Geld erstanden habe. Bei der Gravur der kleinen Kristalldose, mit ihrem wunderschönen verzierten Messingdeckel, kann es sich einfach um den Namen der Inhaberin handeln oder sie steht für Erinnerungen: das Wort Minne steht im Schwedischen für Erinnerungen, wobei die Erinnerungen dann nicht zu groß gewesen sein dürften. Die ausgesprochen schöne Tintenflasche mag ich so sehr, weil sie so perfekt auf den Schreibtisch meines Mannes passt – und es kommt nicht so oft vor, etwas Passendes für ihn zu finden. Ich musste übrigens außergewöhnlich zäh verhandeln.

Darüber haben wir gelacht!

Wenn man viele Stunden am Stück arbeitet, kann man mal die eine oder andere „Kleinigkeit" übersehen. Wir haben Buchstaben vergessen oder hinzugefügt oder auch einfach neu erfunden. Das sollte natürlich nicht passieren, ist dann aber umso menschlicher. Wir haben es mit Humor getragen, meistens!

Und wir haben darüber gelacht, welche Mengen Kaffee bei der Produktion dieses Buches von uns getrunken wurden. Irgendwie waren die Becher immer leer. Zwischenzeitlich haben wir überlegt, ob wir auf koffeinfreien Kaffee umsteigen, aber dies war keine wirkliche Alternative.

Ein Spruch meiner Tochter brachte uns erst nach kurzem Überlegen zum Lachen: „Mama, Du kannst doch nicht den ganzen Dreck abschrubben, da geht doch ‚Deine' ganze Patina verloren!"

Es ist auch zum Lachen, wenn zwei erwachsene Frauen es einfach nicht begreifen wollen, dass man bei der Arbeit lieber nicht die nagelneue Jeans trägt. Schon gar nicht, wenn man dabei mit Farbe arbeitet, wo man doch weiß, dass dann selbst Haarspangen, Halstücher usw. vor Farbe nicht sicher sind!

Beim Fertigen einiger Dekostücke, wie den Tabletts oder den Sets, benötigten wir alte Zeitungen. Bei manchen Anzeigen aus früheren Zeiten konnten wir uns wahrlich köstlich amüsieren. Zu lesen, wie sich doch vieles stark verändert hat und anderes so überhaupt nicht. Solche Erfahrungen kann man aber nur machen, wenn man sich auch ein wenig Zeit nimmt beim Verarbeiten solch alter Materialen. Die Anzeigen stammen aus dem „Rostocker Anzeiger" vom 01.August 1897!

Unsere Lieblingsanzeige stammt allerdings aus dem Jahre 1926, aus der Zeitschrift „Im traulichen Heim", dem Unterhaltungsblatt für Haus und Familie! LIEBE ISABELLA, wir danken dir herzlich, dass du uns mit deiner Kolumne, fast 100 Jahre später, so viel Lebensweisheit nahegebracht, aber uns auch außerordentlich herzlich zum Lachen gebracht hast.

Danke

Bei diesem Projekt gilt mein ganz besonderer Dank dem immer offenen und stark strapaziertem Gehör meines Mannes. Axel, ich danke dir von Herzen, dass du mein Tun und Handeln stets bedingungslos unterstützt hast. Es ist schön, dich an meiner Seite zu wissen!

Danke natürlich auch an meine beiden Großen: Janine, für deine konstruktive Kritik und dafür, dass ich mich immer auf dich verlassen kann! Tobias, für deinen wunderbaren Humor, der mich so oft zum Lachen bringt und deine außergewöhnliche Selbständigkeit!

Ja – und dir, liebe Steffi, danke ich für dein Vertrauen, das du in mich gesetzt hast. Und dass du mich so nimmst, wie ich bin. Ebenso für deine schier endlose Energie, die uns bei der ganzen Schlepperei von Requisiten und Ausrüstung sehr hilfreich war.
Ich freue mich auf das nächste gemeinsame Buch!

Besonders möchte ich mich bei meinen Männern bedanken. Danke, Jan, für deine „Rückendeckung" und für die vielen, langen und hilfreichen Gespräche.
Was wäre ich bloß ohne sie? Und ohne dich?

Erik, durch deine Kochkünste hast du uns sehr verwöhnt. Danke Leif, dass du dich so lieb um unsere Hundedame gekümmert hast. Beide habt ihr Geduld und Einfühlungsvermögen gezeigt, wenn z.B. einer unserer heißgeliebten Schwimmnachmittage ausgefallen ist.

Ganz herzlich möchte ich mich bei dir, liebe Sonja, bedanken. Du hast es ermöglicht, meinen Traum eines Buches zu realisieren. Durch unsere gemeinsame Zusammenarbeit ist nicht nur ein einmaliges Buch entstanden, sondern auch ein perfektes Team. Die Arbeit an diesem Buch war eine intensive, aber schöne Zeit.

Unser gemeinsamer Dank gilt Frau Herbst für ihre Überzeugung an diesem Buch sowie Herrn Zirn und Herrn Dr. Auge für die freundliche und konsequente Weiterführung dieses Projektes.

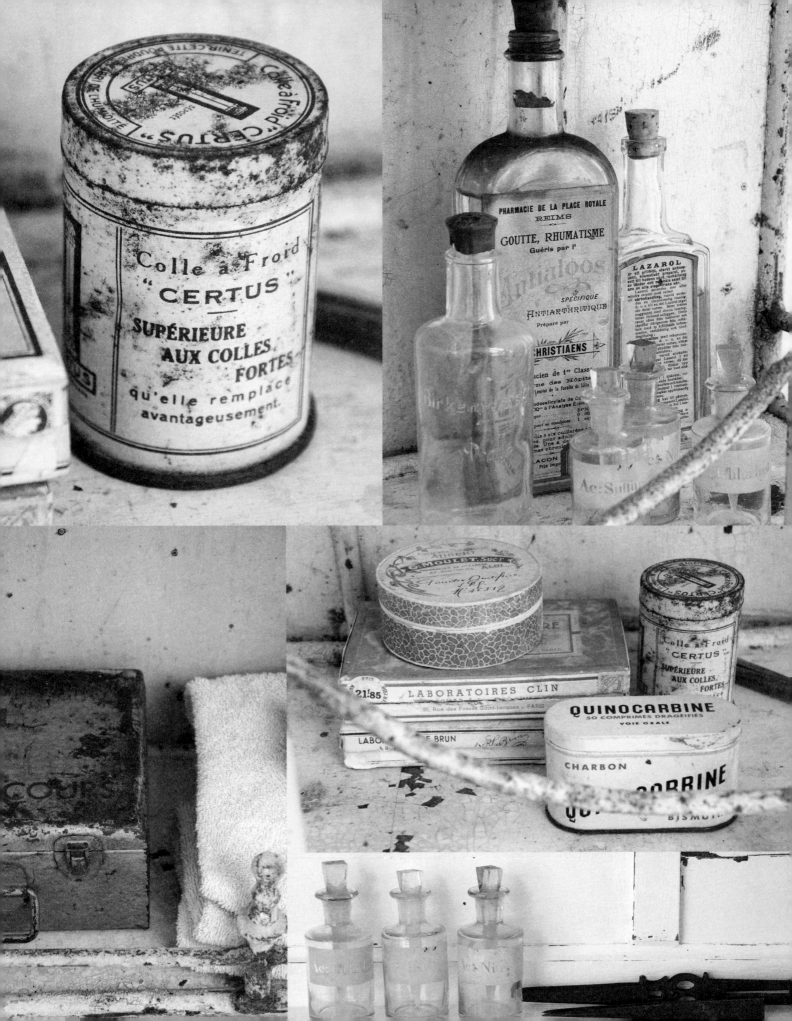